JEANNE D'ARC

DU MÊME AUTEUR

Chansons de Geste, couronnées par l'Académie Française. 1 vol.,
3 fr., chez Alphonse Lemerre, à Paris.

Le Chemin de la Vie. 1 vol., 3 fr., même librairie.

JEANNE D'ARC

Drame en 3 actes et 7 tableaux, en vers, avec Chœurs

Musique de M. RUDELIN

Maître de Chapelle à la Cathédrale de La Rochelle

PARIS

ALPHONSE LEMERRE, ÉDITEUR

23-31, PASSAGE CHOISEUL, 23-31

1910

Ce drame a été traduit :

En vers bretons, par M. René CARDALIAGUET.
En vers allemands, par M. le professeur Hans WEISKE.
En vers italiens, par Dom Ambrogio BERNINI.

———

Pour les représentations françaises, s'adresser à l'auteur,
M. Georges GOURDON, à Rochefort-sur-mer (Charente-Infé-
rieure).

Tous droits expressément réservés.

Le succès obtenu par ce drame partout où on le joue, et que
j'attribue moins à son mérite qu'à la popularité de notre héroïne
nationale, me décide à l'éditer, avec la lettre suivante, qui m'est
un précieux gage de son orthodoxie :

Rome, 27 février 1912.

Monsieur,

Je viens de lire votre beau drame sur Jeanne d'Arc, que
vous avez eu la bonté de m'envoyer. Permettez-moi de
vous remercier et de vous féliciter vivement d'avoir su
rendre, avec tant d'art et de vérité tout ensemble, cette
physionomie merveilleuse et unique de notre grande et
sainte Libératrice.

Je fais des vœux pour que ce drame soit connu, répandu
et que, reproduit sur la scène, il ait tout le succès dû à sa
valeur.

Je vous renouvelle, Monsieur, mes félicitations et l'ex-
pression de mes sentiments dévoués.

XAVIER HERTZOG,
Postulateur de la Cause de la Bienheureuse Jeanne d'Arc.

PERSONNAGES

Jeanne d'ARC.
Isabelle ROMÉE, sa mère.
MENGETTE, amie de Jeanne.
Jeanne de BÉTHUNE, femme de Jean de Luxembourg.

CHARLES VII.
BEDFORD, régent d'Angleterre.
Le duc de LA TRÉMOUILLE, favori du roi.
Le duc de BOURGOGNE.
Le duc d'ALENÇON.
DUNOIS, bâtard d'Orléans.
Jean de LUXEMBOURG, comte de Ligny.
Alain CHARTIER, poète et secrétaire de Charles VII.
LA HIRE
XAINTRAILLES } chevaliers.
R. de GAUCOURT, gouverneur d'Orléans.
Denys DUCHÊNE, argentier du roi.
Le sire de VILLARS.
Jean de METZ, écuyer de Baudricourt à Vaucouleurs.
Jean d'AULON, écuyer de Jeanne.
Jacques d'ARC, son père.
Pierre CAUCHON, évêque et comte de Beauvais.

Jean d'ESTIVET, promoteur de la cause au procès de
    Rouen.
Nicolas LOYSELEUR.
Fr. Martin LADVENU, dominicain, confesseur de Jeanne.
Jean MASSIEU, huissier du procès.
Jean POITEVIN, pêcheur orléanais.
Durand LAXART, cousin de Jeanne.
SUFFOLK
TALBOT
SCALES   chefs anglais.
GLASDALL
PONYNGS.

John GRIS, John BERWOIT et autres soldats anglais,
    geôliers de la Pucelle.

*Seigneurs et Dames de la Cour, Soldats, Hommes
et Femmes du Peuple*

LA VOCATION

1er Tableau : DOMREMY. — 2º Tableau : CHINON

JEANNE D'ARC

ACTE PREMIER

PREMIER TABLEAU *(Janvier 1429. Après-midi)*

Domremy. Intérieur de la maison de Jeanne d'Arc. A gauche,
fenêtre géminée. A droite, haute cheminée de l'époque. Porte
à droite, communiquant avec une autre pièce. Porte au centre.

SCÈNE PREMIÈRE

JACQUES D'ARC, JEAN DE METZ

JACQUES D'ARC

Ainsi, de jour en jour, tout va de mal en pis,
Et, la gerbe épuisée, on glane les épis.
Au printemps, en hiver, l'été comme l'automne,
Le Bourguignon nous pille et l'Anglais nous rançonne ;
Chez de paisibles gens, à leur merci laissés,
On les voit bravement, casqués et cuirassés,

Entrer la lance au poing et l'insulte à la bouche,
Et pour eux, c'est conquis, tout ce que leur main touche !
Nous dûmes, l'an passé, victimes de ces loups,
Fuir jusqu'à Neufchâteau, laissant derrière nous,
Incendié par eux, notre pauvre village,
Sans pouvoir emporter le grain ni le fourrage !
Et tel est notre sort depuis bientôt dix ans,
A nous, les moissonneurs, à nous, les paysans
Qui n'avons que le sol et que notre chaumière !
Oui, depuis que l'infâme Isabeau de Bavière,
Par un traité maudit, signé vous savez où,
Avec le duc Philippe, abusant d'un roi fou,
A joint la ruse au crime et la honte au désastre
En livrant le royaume et sa fille à Lancastre,
L'étranger, qui se rit du dernier de nos rois,
Ravage la Champagne et le pays barrois ;
Et c'est en vain que pour défendre son domaine,
Notre duc, s'alliant à votre capitaine,
Résiste de son mieux et lève des soldats :
Toujours nous attendons celui qui ne vient pas !
Un chef au bras puissant, à la voix souveraine,
Dont le prestige impose et dont l'exemple entraîne,
Un nouveau Du Guesclin, se riant du péril,
Et qui gourme ces gueux comme on fouaille un chenil !

JEAN DE METZ

Courage ! A Vaucouleurs, pour le dauphin de France,
Baudricourt peut encor prolonger la défense

Et tenir en échec, par un suprême effort,
Antoine de Vergy, lieutenant de Bedford.
Mais il faut que chacun comprenne et se dévoue,
Et qu'en cette partie où notre sort se joue
Un même élan nous groupe autour de Charles Sept.

JACQUES D'ARC

Pour défendre et servir sa cause, Dieu le sait,
Je n'ai jamais faibli, la croyant légitime ;
Elle hante mes fils, leur sœur en est victime :
A mon foyer, messire, on a le cœur français,
Et si de mes efforts dépendait le succès,
Je lui sacrifierais tout ce que je possède.
Mais à quoi bon lutter ? Et pourquoi le remède.
Quand on prévoit que rien ne peut guérir le mal ?

JEAN DE METZ

Songez-y ! Nous touchons au dénouement fatal.
Beaumont et Passavant ont déjà dû se rendre.
Vaucouleurs tient encor, mais il faut le défendre.
Orléans en détresse implore du secours ;
Le roi n'a plus d'argent, et, d'ici peu de jours,
Si chacun se dérobe à l'effort nécessaire,
Le Barrois subjugué sera fief d'Angleterre.

JACQUES D'ARC

Vaucouleurs rendre hommage au vil usurpateur !
Domremy devenir terre anglaise !..... O malheur !

SCÈNE II

LES MÊMES, JEANNE D'ARC

JEANNE D'ARC, *en paysanne, qui a entendu les derniers mots de son père.*

Infortuné dauphin, plus malheureuse France !
Orléans sans secours, c'est l'unique espérance,
C'est le dernier rempart qui s'écroule, et demain,
Rien à l'envahisseur ne barrant le chemin
Et nos dissensions achevant notre perte,
Il couvrira la Loire et la plaine déserte
Et du pays conquis prendra l'autre moitié.
Ah ! que Dieu nous conseille et nous ait en pitié !

A son père, avec élan.

Au nom du ciel et par le salut de votre âme,
O mon père, donnez tout ce qu'on vous réclame,
Car l'heure approche enfin où nous triompherons !

JACQUES D'ARC

Calme-toi, calme-toi, ma fille. Nous ferons
Ce que l'honneur commande. — Excusez-la, messire,
Devant elle il serait imprudent de tout dire,
Car elle a le sang vif et l'esprit exalté.
Pour conclure, passons dans la pièce à côté.

Ils sortent.

SCÈNE III

Jeanne d'ARC, puis MENGETTE

Jeanne, *à elle-même.*

Courons vers le dauphin, sinon tous l'abandonnent.
C'est l'heure ! Sans répit, mes Saintes me l'ordonnent ;
Je ne résiste plus à leurs pressants appels.
Mais comment détourner les soupçons paternels ?
Si ma ruse échouait ? Non, c'est le ciel lui-même
Qui m'inspire sans doute un pareil stratagème !

Mengette

Qu'as-tu, ma bonne Jeanne, et qui t'émeut ainsi ?

Jeanne, *vivement.*

Mengette, écoute-moi. Je vais partir d'ici.
Je vais quitter ma mère ; il le faut. Dieu m'appelle !
Tu sais, toi dont le cœur est discret et fidèle,
Ce que, depuis trois ans, m'ont révélé mes « Voix ».
J'ai résisté, pleuré, mais en vain. Cette fois,
Je ne puis ni manger ni demeurer en place :
Ce que Dieu me commande, il faut que je le fasse
Et qu'auprès du dauphin je sois au rendez-vous,
Quand mes jambes devraient s'user jusqu'aux genoux !

MENGETTE

Je ne suis qu'une pauvre et simple paysanne,
Ignorant quel destin Dieu te réserve, ô Jeanne !
Mais je connais ton âme et ton ardente foi,
Et, comme tu ne peux mentir, je crois en toi.
Pourtant, comment convaincre et ta mère et ton père ?
Ils n'accepteront pas ce qui les désespère
Et tu ne pourras point leur cacher ton départ.

JEANNE

Peut-être. J'ai fait dire à mon cousin Laxart
De venir me chercher, prétextant que sa femme,
Pour les soins du ménage, à Burey me réclame.
De là nous gagnerons ensemble Vaucouleurs.

MENGETTE, *vivement.*

Eh quoi ! tu l'oserais ? Je me souviens des pleurs
Que te fit, l'autre année, à ton premier voyage,
Répandre Baudricourt par son accueil sauvage.

JEANNE

Va, Baudricourt aura moins de brutalité.
Dès la première épreuve, il n'eût pas hésité
S'il eût alors prévu le péril qui nous presse.

MENGETTE, *regardant à la fenêtre.*

Mais voici justement ton cousin ; je te laisse.
Adieu, que le ciel guide et protège tes pas !

JEANNE

Adieu, Mengette..... Hélas ! quand je serai là-bas,
Chevauchant vers Chinon avec des hommes d'armes,
Viens voir et consoler ma pauvre mère en larmes !

*Elle embrasse Mengette, qui sort en portant la main
à ses yeux.*

SCÈNE IV

JEANNE, *seule.*

Je vais abandonner ma mère, c'est donc vrai ?
Par ruse, de céans, ce soir je m'en irai !
Partir, moi ! les laisser dans l'angoisse, ô martyre !
En apprenant ma fuite, ils vont tous me maudire !
Ah ! c'est à ce moment terrible que je sens
Combien ils me sont chers, et quels liens puissants
M'attachent à ce coin de terre où je suis née,
Où j'ai vu se lever ma dix-huitième année,
Suivant ma vie heureuse au cours tranquille et pur
Comme en nos prés fleuris la Meuse au flot d'azur !
O ma douce vallée ! ô mon pauvre village,
Dont mes yeux à jamais conserveront l'image,
Recevez les derniers adieux de votre enfant.
Adieu, ma vieille église où j'ai prié souvent ;
Jardin que mai remplit de lys blancs et d'abeilles,
Où les célestes Voix frappèrent mes oreilles,

Adieu !..... Toit paternel, paisible intérieur,
Que ne puis-je partir en vous laissant mon cœur !
Mais j'ai besoin de tout mon cœur pour être forte,
Pour accomplir, docile au souffle qui m'emporte,
La tâche qui m'emplit d'allégresse et d'effroi !
O Seigneur, n'ai-je pas trop présumé de moi ?
Je ne sais chevaucher et j'ignore la guerre,
Et je préfèrerais, ici, près de ma mère,
Variant mes travaux selon chaque saison,
Filer, coudre et vaquer aux soins de la maison.

VOIX INVISIBLES

Orléans de toi seule attend sa délivrance.
Va, fille de Dieu ! va, tu sauveras la France !

JEANNE, *tombant à genoux.*

Seigneur, puisqu'il le faut pour sauver mon pays,
Que votre volonté soit faite ! J'obéis.

SCÈNE V

JEANNE et DURAND LAXART, *depuis un instant sur le seuil.*

JEANNE, *s'élançant vers lui.*

Merci d'être venu ! Dites que ma cousine
A besoin de mes soins, et que....

LAXART

Va, je devine

Pourquoi tu m'as mandé, Jeanne, et comme un devoir,
De nouveau, je suis prêt à suivre ton vouloir.
Tous deux, de Vaucouleurs nous reprendrons la route,
Je ne puis te cacher cependant qu'il m'en coûte
De t'exposer encore à de grossiers refus,
Pour revenir ici l'un et l'autre confus.

JEANNE, *avec énergie.*

Cette fois, il faudra que Baudricourt m'entende,
Car on ne brave pas Celui qui me commande,
Et, dussé-je à genoux parcourir le chemin,
Il faut qu'avant un mois je sois près du dauphin !

LAXART

J'obéis. Si j'ai tort, croyant ta cause bonne,
Que Dieu, qui voit le fond de mon cœur, me pardonne !

SCÈNE VI

LES MÊMES, ISABELLE ROMÉE, JEAN DE METZ, JACQUES D'ARC et ses Fils, JACQUEMIN, PIERRE et JEAN

JACQUES, *à Laxart.*

Hé ! qui nous vaut ainsi le plaisir de vous voir,
Mon cher neveu ?

LAXART

Ma femme a souhaité d'avoir
Jeanne pour l'assister durant ses relevailles.

JACQUES, *le prenant à part.*

A merveille ! L'enfant ne rêvait que batailles
Et s'exaltait d'un rien. Vous venez à propos.
Un séjour à Burey lui rendra le repos.

Montrant la table qu'Isabelle dresse.

Vous dînez avec nous ?

LAXART

Merci, la nuit vient vite ;
Burey n'étant pas loin, mieux vaut partir de suite
Et s'abréger la route en prenant les sentiers,
Si Jeanne toutefois y consent ?

JEANNE

Volontiers !
La route ne me fait pas peur et je suis prête.

ISABELLE, *la couvrant d'un manteau avec tendresse.*

Allons, Dieu t'aide ! et prends bien garde, ma Jeannette.

*Jeanne embrasse sa famille, et sur le seuil elle se
retourne en envoyant un dernier baiser à sa mère,
qui la suit des yeux.*

JACQUES, *à ses fils.*

Mes enfants, croyez-moi, veillez sur votre sœur,
C'est une âme de feu que cache sa douceur....

En songe, il m'a semblé la voir sous une armure,
Au milieu de soldats courant à l'aventure....
Ah ! si jamais j'apprends qu'elle est à guerroyer,
Gardiens de notre honneur, jurez de la noyer,
Car si vous hésitiez, je la noierais moi-même !

ISABELLE, *vivement.*

Tais-toi ! Parler ainsi, Jacques, c'est un blasphème !
Est-il un malheureux qui ne sache combien
Son cœur est charitable et son esprit chrétien ?
N'est-elle pas pour nous obéissante et bonne ?
La première au travail, elle ne craint personne
Pour tenir un ménage ; et pour coudre et filer,
J'en sais plus d'une qui voudrait lui ressembler.
Oui, pour faire comme elle honneur à sa famille,
J'atteste qu'il n'est pas de plus vaillante fille !

JACQUES

J'en conviens ; mais parfois la vertu se dément
Et le Ciel fait d'un songe un avertissement.

Jacques fait signe de se mettre à table.

Le rideau tombe.

DEUXIÈME TABLEAU *(Chinon, 9 mars)*

Salle du château royal de Chinon, longue de 30 mètres et large
de 16. C'est le soir, 50 torches éclairent la réunion, composée
d'environ 300 chevaliers (1).

SCÈNE PREMIÈRE

LA TRÉMOUILLE, Alain CHARTIER, *gentilshommes.*

LA TRÉMOUILLE

Oui, la nouvelle est sûre et vous pouvez m'en croire.
Une épée au côté, dans sa tunique noire,
La villageoise insiste : elle veut voir le roi ;
Elle dit avoir fait, dans un si bel arroi,
Pour atteindre Chinon, plus de quatre-vingts lieues,
Et, comme un pur esprit venu des voûtes bleues,
Prenant, malgré l'Anglais, le chemin qui lui plut,
Dans un pan de sa robe apporter le salut !

Rires des jeunes seigneurs.

(1) Ces chiffres sont facultatifs.

ALAIN CHARTIER, *sur le devant de la scène.*

Il raille ; mais l'envie éclate en sa parole
Et trouve écho parmi cette jeunesse folle !
Des malheurs du passé pour eux le deuil est court.
Ils n'ont jamais pleuré la honte d'Azincourt,
Ni sur le trône vu le crime et la démence ;
Et grisée aux plaisirs du règne qui commence
Sans penser au pays qui s'en va par lambeau,
Leur troupe, hélas ! s'amuse et rit sur un tombeau !
Oui, pendant qu'on plaisante ici, la France pleure,
Et sentant le péril augmenter d'heure en heure,
J'entends sa plainte immense aux millions de voix,
Comme le vent qui passe aux profondeurs des bois !...

LA TRÉMOUILLE, *se rapprochant.*

Le poëte, dit-on, est souvent un augure ;
Que pense maître Alain d'une telle aventure ?

ALAIN CHARTIER

Je pense que Dieu, duc, agit comme il lui plaît,
Que le châtiment vient quand le crime est complet,
Et, comme le potier brise un vase d'argile,
Je pense que Dieu broie un royaume fragile ;
Mais qu'il peut épargner aussi le châtiment
Si, reprenant ses droits, le roi sait vaillamment
Lutter pour conserver au front son diadème.
Qui veut avoir profit doit travailler soi-même.

La Trémouille

En politique, il faut saisir le bon moment,   •
Et Charles peut l'attendre ici patiemment.
Il a tout pour régner....

Alain Chartier

                Excepté le royaume,
Une ombre qui décroît autour d'un roi fantôme !

    A part.

O flatteurs, courtisans, race d'ambitieux,
Si le roi vous chassait enfin, tout irait mieux.
Toi surtout qui le tiens désormais en lisière,
Familier de l'infâme Isabeau de Bavière,
Qui fais en souverain la loi dans ce palais
Tout en te ménageant la faveur de l'Anglais,
Et qui, par des projets sans nom, rêves peut-être
D'usurper quelque jour la place de ton maître !

    A haute voix.

Le salut ! il viendra quand, cessant leurs discords,
Pour venger les aïeux glorieusement morts
Les fils se souviendront de leur commune mère.
Sous le joug exécré d'une race étrangère,
La France n'aurait point longtemps subi des lois
Si toute la noblesse était avec Valois.

SCÈNE II

Les Mêmes, le ROI, Denys DUCHÊNE, *son argentier.*

Le Roi

Tu parles d'or, poète, et dans mon indigence,
Je voudrais à son prix payer ton éloquence ;
Mais je ne suis pas riche, hélas ! mon pauvre Alain !
Mes coffres sonnent creux comme ceux d'un vilain !
J'ai dû, pour ménager un peu ceux des dimanches,
A mes pourpoints usés faire mettre des manches ;
Et même un cordonnier partit en emportant
Des houseaux que je n'ai pu lui payer comptant !

A Denys Duchêne.

Combien nous reste-t-il, maitre Denys Duchêne ?

Denys Duchêne

Quatre écus, Sire !

Le Roi, *plaisantant.*

Et rien au bout de la semaine !

A Alain Chartier.

Tu l'entends, ce qu'il dit, mon avare argentier ?
C'est Carême, il nous faut jeûner, mon bon Chartier !

ALAIN CHARTIER

Sire, on est riche tant qu'il reste l'espérance !

LE ROI, *tristement.*

L'espérance ! Il en faut au cœur d'un roi de France,
Pour qu'il en reste encore après de tels revers !
Orléans pris, tous les chemins seront ouverts.
Sachant qu'avec Paris l'Anglais se ravitaille,
Clermont court à Rouvray, mais il perd la bataille !
Et moi, ne pouvant plus envoyer de secours,
Je vais de ville en ville, en reculant toujours !
Il n'est plus rien à faire après cette défaite,
Suprême arrêt de mort.... rien qu'à baisser la tête,
Et qu'à laisser passer la justice de Dieu !

ALAIN CHARTIER, *avec chaleur.*

Non, Sire, quand le sort de la France est en jeu,
Vous ne pouvez du Ciel la croire abandonnée.
Tout son passé le prouve, elle est prédestinée,
Et toujours juste, Dieu ne saurait oublier
Le peuple généreux qui fut son chevalier.

S'exaltant.

Oui, je crois à la France ardente et généreuse,
Et l'aime d'autant plus qu'elle est plus malheureuse.
Je crois que ce vaillant et glorieux pays,
Où régnèrent Philippe-Auguste et saint Louis,

Où Bertrand du Guesclin brandit sa bonne épée,
N'a pas à tout jamais fini son épopée,
Ni terminé sa haute et sainte mission,
Et qu'à ce peuple au cœur d'apôtre et de lion,
Qui se croisa jadis huit fois pour sa défense,
Le Christ reconnaissant doit une récompense !
Fallût-il un miracle, il le fera pour lui ;
Peut-être dès demain, et peut-être aujourd'hui !....
Ah ! Sire, croyez-moi, cette heure est solennelle !
Elle porte la perte ou le salut en elle ;
Et qui sait si la vierge au glaive triomphant
N'est pas celle qui vient sous les traits d'une enfant ?

Le Roi, *montrant une lettre.*

Celle qui, par ce pli, me demande audience ?
Je l'attends et je suis presque ému....

Alain Chartier

                                        Confiance,
Sire, le cœur du peuple est un plus sûr appui
Que l'or des courtisans, rapprochez-vous de lui.
Pour qui l'aime, le peuple est un ami sincère ;
Le roi, dans sa faiblesse, et lui, dans sa misère,
Peuvent, en s'unissant, mettre en fuite l'Anglais.
Dieu l'envoie : écoutez cette enfant sans délais.
Quand un homme, en péril de mort, sent qu'il se noie,
Au flot qui l'engloutit pour arracher sa proie,
Il s'accroche à tout, même à la petite fleur !

LE ROI, souriant.

Poète enthousiaste, au verbe ensorceleur !
Soit ! J'y consens. Et puisqu'en cette étrange lettre
La Pucelle se fait fort de me reconnaître
Sans m'avoir jamais vu, l'épreuve est à tenter !

Aux gentilshommes.

Messires, qui de vous nous va représenter ?
Il faut pour un instant qu'ici le roi s'efface ;
Que mon grand chambellan trône donc à ma place.

Le roi passe son collier au cou de La Trémouille,
qui monte sur le trône pendant que Charles VII se
perd au milieu des groupes.

UN GENTILHOMME

Le piège est bien tendu ! Nous allons voir comment,
Jugeant sur l'apparence ou le signalement,
La Pucelle sera par son instinct servie.
Silence, la voici !

SCÈNE III

LES MÊMES, JEANNE D'ARC, avec JEAN DE METZ et BER-
TRAND DE POULENGY. Et, à la suite, COLET DE
VIENNE et l'archer RICHARD.

Jeanne s'arrête au seuil, et, au milieu d'un profond
silence, elle se dirige vers le roi.

JEANNE, *mettant un genou en terre.*

        Que Dieu vous donne vie,
Gentil prince !

LE ROI

    Mais non ! Je ne suis pas le roi ;
En vous trompant ainsi, vous ébranlez sa foi !

JEANNE

Devant Dieu, c'est bien vous qui l'êtes, non un autre.

LE ROI

D'où venez-vous, ma mie, et quel nom est le vôtre ?

JEANNE

J'ai nom Jeanne. Evitant Anglais et Bourguignons,
Je viens de Vaucouleurs ; voici mes compagnons :
Messire Jean de Metz qui m'arma de la sorte,
Bertrand de Poulengy, second chef de l'escorte,
Et leurs suivants. Enfin, venu de votre part,
Maitre Colet de Vienne, avec l'archer Richard.
Sire, gardez leurs noms, car ceux-là sont des braves
Qui vous sont dévoués !

LE ROI

                Et quels motifs si graves
Vous amènent vers nous ?

JEANNE

                    Sire, je viens céans
Pour, une fois levé le siège d'Orléans,
Vous conduire en triomphe à Reims, où le saint-chrême
Sacrera votre front orné du diadème.

LE ROI

Qui vous l'a dit ?

JEANNE

                    Mes Voix, de par le Roi du ciel !

LE ROI

Et quelles sont vos voix ?

JEANNE

                    L'archange saint Michel,
Et sainte Marguerite, et sainte Catherine.

UN GENTILHOMME

Quand leur clarté céleste ainsi vous illumine,
Voyez-vous sur leur corps un manteau resplendir ?

JEANNE

Croyez-vous donc que Dieu n'ait de quoi les vêtir ?

Un autre, *avec un fort accent limousin.*

Vos voix parlent français ?

Jeanne

          Mieux que vous !
Rires.

Le Roi

                     Donc vous vîntes
Ici pour obéir à l'ordre de vos Saintes ?

Jeanne

Oui, Sire ; et pour rentrer enfin dans votre bien,
De nul autre que moi n'espérez de soutien,
Car ni prince, ni duc, ni roi, personne au monde
Ne saurait accomplir l'œuvre où Dieu me seconde.

Un Gentilhomme

Dieu peut chasser l'Anglais du pays sans combats,
Et s'il veut nous sauver, à quoi bon des soldats ?

Jeanne

Nos gens batailleront, Dieu donnera victoire.

La Trémouille, *ironique.*

Mais la guerre n'est point ce que vous semblez croire ;

Elle exige de l'art, du savoir et du temps.
Et sans vouloir en rien froisser vos dix-huit ans,
Il est peut-être plus d'un brave capitaine
Qui, blanchi sous l'armure et toujours à la peine,
Attendait pour le suivre un autre chef que vous !

JEANNE, *le regardant fixement.*

Si le Ciel est pour nous, qui sera contre nous ?

ALAIN CHARTIER

Ah ! c'est du Ciel vraiment que vient cette inspirée !
Sa jeune âme qu'embrase une flamme sacrée
Entraînera le peuple, et quand nos damoiseaux
Ont des cœurs de femme, elle, a le cœur d'un héros !

JEANNE, *qui l'a entendu.*

Merci, vous qui semblez sympathique à ma cause
Et sentez le péril auquel tout nous expose.

LA TRÉMOUILLE, *ironiquement, désignant Chartier.*

C'est un poète enclin à médire de moi :
Messire Alain Chartier, secrétaire du roi,
Homme d'esprit toujours et poète à ses heures !

Il s'éloigne.

ALAIN CHARTIER, *le suivant du regard.*

Va, je puis dédaigner le trait dont tu m'effleures,

Car mon cœur est plus haut que ton aversion.
Oui, Jeanne, moi je crois à votre mission.

SCÈNE IV

Les Mêmes, les Envoyés d'Orléans, JAMET du THILLAY
et le Sire de VILLARS, *introduits par le* Duc d'ALENÇON

Le Roi, *présentant le duc à Jeanne.*

Mon cousin d'Alençon qui tient à vous connaître,
Et qu'à votre dessein vous gagnerez peut-être.

Jeanne

Soyez le bienvenu, beau duc ; plus nous aurons
De sang de France ensemble et mieux nous les vaincrons.

Le Duc

Jeanne, l'espoir est faible et grandes les alarmes.
Interrogez plutôt ces vaillants hommes d'armes,
Qui viennent d'Orléans nous demander secours !

Jeanne, *vivement.*

Orléans ! Ah ! parlez ! Pendant combien de jours
Peut-il encor tenir ?

Le Sire de Villars

Son enceinte investie
Rend pour les assiégés vaine toute sortie.

Naguère, Tours, Angers, Bourges abondamment
Assuraient par convois le ravitaillement,
La Rochelle et Poitiers envoyaient des subsides ;
Aujourd'hui le pain manque et les coffres sont vides !
Femmes, enfants, vieillards, toute une ville enfin
Doit ou capituler ou périr par la faim !

JEANNE, *au roi*.

Sire, vous l'entendez ? Un peuple vous implore.
Comment lui rester sourd et différer encore ?
Ce que je vous promets par moi s'accomplira.
Sire, ne doutez plus, Dieu vous exaucera !

Le roi lève les yeux au ciel, et Jeanne, tout bas.

Quel signe attendez-vous ? Faut-il que je répète
La prière que seul, un soir, vous avez faite ?
« Sire Dieu, disiez vous, si du roi Charles Six,
Hélas ! je ne suis pas le légitime fils,
Otez-moi tout moyen de poursuivre la guerre ;
Si je suis pour mon peuple un sujet de misère,
Ayez pitié de lui, ne punissez que moi ! »

Avec force.

Eh bien ! je vous le dis : vous êtes fils de roi
Et seul de ce royaume héritier légitime !

LE ROI, *troublé*.

O prodige ! A Dieu seul cette prière intime
Fut adressée, et nul jamais ne la connut.

JEANNE

Dieu me l'a révélée et je suis le salut !
Là-bas, dans Orléans, bat le cœur de la France ;
Faites que la Pucelle aille à sa délivrance
Et vous conduise à Reims où vous serez sacré !

LA TRÉMOUILLE, *brusquement.*

Sur mon âme ! jamais je ne conseillerai
D'exposer une armée à pareille aventure,
Car ce serait projet de fou, démence pure !

LE ROI, *lentement.*

Jeanne, ordonnez ; le roi se range à votre avis
Et vos ordres seront fidèlement suivis.

Jeanne met un genou en terre et baise la main du roi.

FIN DU PREMIER ACTE

L'ÉPOPÉE

1ᵉʳ Tableau : ORLÉANS. — 2ᵉ Tableau : REIMS

ACTE DEUXIÈME

PREMIER TABLEAU *(Orléans. 7 mai 1429)*

Au premier plan, sur la gauche, extérieur de la bastille des Tourelles, occupée par les Anglais ; devant les Tourelles, mur
crénelé, derrière lequel coule la Loire. Une passerelle, par
dessus le fleuve, relie ce mur au pont-levis de la bastille.
Au fond de la scène, à droite, on aperçoit en partie la ville
d'Orléans, avec le boulevard de Bellecroix, occupé par les Anglais.

SCÈNE PREMIÈRE

Le comte de SUFFOLK, TALBOT *et* SCALES, *les trois
commandants du siège, et* GLASDALL, *qui commande
aux Tourelles, réunis en conseil.*

GLASDALL, *tendant le poing vers Orléans.*

Sorcière ! par quel art, par quels magiques charmes
A-t-elle pu changer ainsi le sort des armes,
Transformer des poltrons en lions enragés
Et de nous, assiégeants, faire des assiégés ?

SCALES

C'est vrai, Glasdall ! Depuis qu'elle entra dans la place,
Chez nous comme chez eux tout a changé de face,
Et les trembleurs d'hier, hardis et goguenards,
Viennent nous défier jusque sous nos remparts.
Sans cesse, par des coups de main, par des sorties,
Ils vont nous harcelant ; nos troupes réparties
Sur vingt points à la fois peinent en vains efforts,
Et pour nous maintenir, il faudrait des renforts.

TALBOT

Parbleu ! nous avons fait, aussi, le nécessaire
Pour exalter le cœur d'un timide adversaire :
Depuis huit jours bientôt, les secours, les convois
Commencent à rentrer dans la ville aux abois,
Et même, hors des murs, la Pucelle en personne
Est sortie à cheval, sans qu'on la désarçonne,
Promener son regard sur nos positions.
Le spectacle amusait et nous nous contentions
D'en rire, dédaigneux de cette paysanne ;
Mais elle a pour parrain le diable, ou Dieu me damne !
Et devant celle dont si peu nous faisions cas,
Stupéfaits, nous voyons fuir nos meilleurs soldats.

GLASDALL

Hé donc ! pour les conduire où l'honneur les réclame,
Ces terribles Français ont besoin d'une femme

Qui tient en ses jupons leur intrépidité !
Ah ! vienne le moment ardemment souhaité
Où, comme en Picardie et naguère en Champagne,
Chacun pourra lutter, libre, en rase campagne,
Nous les étrillerons comme fit à Rouvray
Notre ami John Falstaff !

SUFFOLK

Ils ne purent, c'est vrai,
Lui prendre ses harengs ; mais, grâce à cette fille,
Ils viennent chaque jour nous prendre une bastille.
Jeudi, c'était Saint-Loup, hier, les Augustins !...

TALBOT

Et si nous restons là, divisés, incertains,
Exhalant notre humeur en futiles querelles,
Nous devons nous attendre à l'assaut des Tourelles.
Au péril il faut donc aviser au plus tôt.

GLASDALL

Pour moi, je suis d'avis, et je le dis bien haut,
Qu'on se donne de l'air au lieu de les attendre
Et qu'on aille attaquer au lieu de se défendre.
Car à nous voir ainsi derrière nos remparts,
Les bons Orléanais nous prendront pour des couards.
Est-ce au chasseur, morbleu, de fuir devant le lièvre ?

SUFFOLK

Vous parlez en soldat que sa bravoure enfièvre ;
Mais le commandement exige du sang-froid,
Et d'être téméraire un chef n'a pas le droit.
Du reste, qu'on attaque ou bien que l'on riposte,
On tombe avec honneur dès qu'on meurt à son poste !
Le brusque et malheureux départ des Bourguignons
Affaiblit notre armée, au point que nous craignons
De dégarnir un fort pour en couvrir un autre.

A Glasdall.

Quel désastre pour nous si nous perdions le vôtre !...

GLASDALL

Plutôt que de se rendre, on s'y fera tuer !

SUFFOLK

Maîtres de cette rive, ils verraient affluer
Les vivres, les renforts qu'en leurs murs ils attendent.
Tout deviendrait facile à ceux qui les commandent,
Quand ils auraient le nombre et l'audace à la fois ;
Et nous, perdant le fruit d'un siège de sept mois,
Nous serions obligés de repasser la Loire.

TALBOT

Je suis de votre avis : la mort ou la victoire !

SCÈNE II

LES MÊMES, PONYNGS

PONYNGS *vient par le fond et s'adresse à Suffolk.*

Milord, un homme est là qui désire, en secret,
Un entretien urgent, d'un très grave intérêt.

SUFFOLK

Merci Ponyngs, j'y vais. Messieurs, veuillez m'attendre.
Il s'éloigne seul.

GLASDALL *à Ponyngs.*

Vous manquiez au conseil ! Qu'allez-vous nous apprendre ?

PONYNGS

Que sans doute il pleuvra des coups avant ce soir
Et que ce n'est pas gai d'en toujours recevoir,
Alors que c'était nous qui les donnions naguère !

SCALES, *lui frappant sur l'épaule.*

Que veux-tu, ce sont là les hasards de la guerre !

PONYNGS, *hochant la tête.*

Ah ! Dieu nous a, bien sûr, retiré son appui,
Tandis que l'adversaire a le diable pour lui !

TALBOT

Courage, et concentrons ici la résistance,
Afin de dégager la place.

SUFFOLK, *rentrant.*

Patience !
J'apprends que la Pucelle et ses chefs divisés
Ont sur un même but des avis opposés.
Elle voulait dès l'aube une sortie en masse ;
Le sire de Gaucourt, qui gouverne la place,
L'empêcha de sortir ; et jusques à demain,
Nous pouvons à loisir nous préparer sous main.
Cette nuit, par le fleuve, à la faveur de l'ombre,
Couleuvriers, archers, hommes d'armes en nombre,
Des autres garnisons arriveront céans,
Et nous pourrons braver tous les gens d'Orléans !

Un mouvement se produit au fond de la scène.

SCÈNE III

LES MÊMES, UN ARCHER *tenant une flèche autour de laquelle
un papier est enroulé.*

L'ARCHER

La flèche que voici nous apporte un message.

SUFFOLK

Encor quelque défi de leur Jeanne, je gage ?

Il l'ouvre.

Oui, parbleu ! c'est bien d'elle. Une sommation,
En belle et bonne forme, à notre intention !
Ses premiers envoyés séchant à la potence,
La Jeanne se ravise et nous parle à distance.
Mettre au bout d'une flèche un message pendant,
Le système est aussi commode que prudent.

Lisant à haute voix.

« Vous, comte de Suffolk, et vous Talbot et Scales,
Vous tous, gens d'Angleterre, en nos cités royales
Venus sans aucun droit, de nos champs envahis
Partez ! Quittez ces murs et dans votre pays
Retournez au plus tôt ; Dieu, par moi, vous l'ordonne.
Sinon, pour vous montrer que notre cause est bonne,
Je vous délogerai d'où vous êtes blottis !
Pour la dernière fois, je vous en avertis,
Moi, Jeanne la Pucelle. »

GLASDALE.

Ah ! c'en est trop, j'enrage !
Laissez-moi comme il faut répondre à ce message :

Il écrit.

« Si tu veux la bastille où je suis commandant,
Ribaude au cœur de feu, viens la prendre : on t'attend ! »

> *Il fait signe à l'archer d'attacher son message à une
> flèche, et pendant que le soldat s'acquitte de sa mis-
> sion, il se tourne vers les murs d'Orléans et crie :*

Derrière vos remparts, vous avez du courage !
Hé, gentil perroquet, sors un peu de ta cage
Et viens chanter ici pour le duc de Bedford !

UNE VOIX, *au fond, rispostant.*

Chien aboyant de loin n'est pas celui qui mord,
Et quand nous chanterons, il vous faudra vous taire,
O dogues de Bourgogne et roquets d'Angleterre !

GLASDALL, *prenant l'arbalète et lançant vers la ville la flèche
où pend la lettre.*

Pour en orner ton œil, attrape ce carreau !

LA VOIX

Tiens, voici la réponse, au nom de Jean Bureau !

> *Un boulet de pierre tombe et renverse deux Anglais.*

CRIS SOUDAINS

Alerte ! Aux armes ! Tous sortent de leurs murailles,
En tête vont Dunois, la Pucelle et Xaintrailles.

TALBOT, *regardant.*

En effet, les voici, de leurs armes couverts,
Passant le fleuve à l'Est pour nous prendre à revers.

SCALES

Nos gens ne vont-ils pas, là-bas, sur l'autre rive,
Faire diversion, en prenant l'offensive ?

TALBOT

Non, trop de peuple encor partout veille au rempart,
Et s'ils abandonnaient leur bastille au hasard,
Armant soudain le bras des enfants et des femmes,
La fascine et la torche y porteraient les flammes !

SUFFOLK, *à Talbot.*

Courons ! il faut quand même y chercher du renfort,
Car vous avez bien dit : la victoire ou la mort !

A Glasdall et à Ponyngs.

Je m'en remets à vous pour que ce fort nous reste;
S'il faut céder, pourtant, à leur Jeanne funeste,
Par cette passerelle alors vous repliant,
Jusqu'à notre retour arrêtez l'assaillant.
A vous donc d'assurer la garde des Tourelles.

GLASDALL

Ils peuvent s'unir tous pour se ruer contre elles;

J'en réponds, et malgré leurs insolents défis,
Croyez qu'avant une heure, ils seront déconfits.

TALBOT

Plaise au Ciel !

Suffolk, Talbot et Scales sortent par la gauche.

Glasdall, *aux Archers.*

Aux créneaux ! et qu'à l'instant propice
Vos traits soient si nombreux que l'air s'en obscurcisse ;
Et si, par impossible, ils montaient jusqu'à nous,
Pas de quartier, tuez, écrasez sous vos coups !

Ponyngs, *penché sur les créneaux.*

Déjà sur tous les points la lutte est engagée.

Glasdall, *se penchant aussi.*

Quels démons, ces Français, quelle race enragée !
Franchissant les fossés, escaladant les murs,
Ils abordent de front nos postes les plus sûrs,
Et partout où leur main se cramponne et s'attache
Pour faire lâcher prise ils faut des coups de hache !...
Les ramenant d'un mot dès qu'ils semblent plier,
La Pucelle conduit l'assaut... son écuyer
Se tient à ses côtés arborant sa bannière....

Ponyngs, *sortant.*

Ah ! si nous pouvions donc la faire prisonnière !

GLASDALL.

Ou plutôt l'étrangler !

Tourné vers les spectateurs.

Quand je pense qu'hier,
Lorsque je la tenais presque au bout de mon fer,
Elle m'a dit : « Quand nous prendrons ta forteresse,
Tu mourras sans saigner ». — Tu mentais, prophétesse !
Ma bastille se rit de ton choc impuissant,
Et qui me la prendrait verrait si j'ai du sang !

Regardant de nouveau.

Hurrah ! nous tenons ferme et leur élan se brise !...

PONYNGS, *rentrant.*

Un autre assaut pareil et la redoute est prise !

GLASDALL

Je vole à son secours !

Il s'élance au dehors par la droite.

PONYNGS, *se penchant aux créneaux.*

Au pied de nos talus,
La Pucelle a le pas sur les plus résolus :
Elle dresse une échelle... et tombe !... Est-elle morte ?
S'il se pouvait !... Voici qu'à l'écart on l'emporte.

Bruit dans la coulisse.

SCÈNE IV

PONYNGS, Jean POITEVIN, un Officier, des Soldats

Jean Poitevin

Mais je ne suis, vous dis-je, espion ni soldat,
Je suis Jean Poitevin, pêcheur de mon état.

L'Officier

Allons, trêve aux discours : avance ou je t'assomme !

A Ponyngs, qui s'est retourné au bruit.

En train d'espionner nous avons pris cet homme.

Jean Poitevin, *à part.*

Oui, l'Anglais, mais trop tard ! car j'ai pu, grâce au flot,
Sous cette passerelle amarrer mon brûlot,
Qui doit à ces maudits couper toute retraite.

L'Officier *à Ponyngs.*

Le pendons-nous, messire ?

Jean, *calme.*

Allez, mon âme est prête !

PONYNGS

Tout à l'heure.

A Jean.

Toi, parle, et dis ce que tu sais.
Quel motif au combat a poussé les Français
Alors que tous leurs chefs étaient d'avis contraire ?

JEAN

En effet, et quand Jeanne avec nos gens de guerre
Veut sortir, entraînant le peuple sur ses pas,
La porte de Bourgogne est close et n'ouvre pas !
Le bailli d'Orléans veut empêcher qu'on sorte :
On bouscule Gaucourt, on enfonce la porte,
Et vous savez la suite !

L'OFFICIER

Et toi, ce qui t'attend,
Le sais-tu ?

Il fait le geste de le pendre.

PONYNGS, *désignant le poteau où flotte l'étendard anglais.*

Non, ici qu'on l'attache un instant.

L'OFFICIER

C'est cela, face aux tiens, tu seras aux premières
Pour voir comment Glasdall leur taille des croupières !

JEAN, *à part.*

Lâches ! tandis que nous luttons à ciel ouvert,
Sur l'échelle, — en ces murs ils luttent à couvert.

UN SOLDAT, *accourant.*

Victoire ! La Pucelle à mort serait blessée,
Et sa troupe en désordre, à moitié dispersée,
Recule... mais Glasdall, la chargeant de nouveau,
Va l'acculer au fleuve et la jeter à l'eau !

PONYNGS, *à Jean Poitevin.*

Eh bien ! que dis-tu, toi, là-haut, de ce spectacle ?

JEAN

Dieu nous aide !

PONYNGS

Le Ciel va-t-il faire un miracle
Pour sauver ta sorcière ? Elle est blessée à mort,
Elle qui nous devait déloger de ce fort !

JEAN

Non ! Elle reparaît : c'est en vain qu'on l'assaille,
Sa bannière toujours domine la bataille :

Les nôtres, sûrs de vaincre, attaquent sans merci :
Et voilà les Anglais refoulés jusqu'ici !

> *Des soldats rentrent en fuyant.*

PONYNGS

Ah ! c'est de la magie ! Elle est ressuscitée,
Et tout s'enfuit devant sa bannière enchantée !

> GLASDALL, *rentrant furieux, aux soldats qui le suivent*
> *en désarroi.*

O poltrons, sa magie est votre lâcheté !
A d'aussi durs assauts nous avons résisté.
Suivez-moi, vous verrez comment cette sorcière
Sous le fer que voici va mordre la poussière
Et si devant les lys fuira le léopard ?...

> JEAN D'AULON, *dans la coulisse.*

Jeanne, votre bannière a touché le rempart.

> JEANNE, *dans la coulisse.*

Entrez, la place est vôtre !

SCÈNE V

LA HIRE, *suivi de* JEANNE *en costume de guerre, et poussant devant lui* GLASDALL, *pendant que les Anglais fuient ; puis* XAINTRAILLES, DUNOIS *et* GAUCOURT.

GLASDALL *combat en reculant vers la passerelle.*

Il faudra que la vie,
Pour que vous entriez, d'abord me soit ravie !

JEANNE, *criant et marchant sur lui.*

Rends-toi, Glasdall, rends-toi ! Près d'être châtié,
Tu luttes sans espoir ; mais de toi j'ai pitié,
Bien que par toi blessée en mon honneur de femme :
Rends-toi, Glasdall !

GLASDALL *sur la passerelle.*

Jamais !

La passerelle se rompt sous ses pas, il tombe en criant dans le fleuve. Les Français entrent.

LA HIRE

Que le diable ait son âme !

JEANNE, *grave.*

Chevalier, ce n'est pas bien de parler ainsi.
Dites plutôt, hélas ! « Dieu l'ait en sa merci ! »

La Hire

Jeanne, pardonnez-moi. Depuis que je guerroie,
J'ai cogné des deux mains sur l'Anglais, à cœur joie,
Mais je n'ai pu tuer mon plus dur ennemi :
Le vieil homme pécheur, dans mon être endormi !
Ah ! c'est que, voyez-vous, c'est longue et rude affaire
De transformer en saints de vieux hommes de guerre,
Xaintrailles et La Hire en mal se ressemblant
Comme en bien Olivier ressemblait à Roland !
Les mœurs que l'on contracte à courir l'aventure
Sont pour scandaliser, hélas ! une âme pure.
J'ai mis à me guérir toute ma volonté ;
Votre piété douce à la fin m'a dompté :
Moi, l'ancien routier, j'ose assister à la messe ;
Dévotement, deux fois par mois je me confesse,
Et trouve en vérité presque surnaturel
Que votre chapelain, Frère Jean Pasquerel,
Recevant les aveux d'un brigand de ma sorte,
En se signant d'effroi ne m'ait pas clos sa porte.
Mais non ! Tout au contraire, il m'absout, répétant
Qu'à la fin de mes jours le Paradis m'attend,
Qu'un pécheur repentant cause au Ciel plus de joie
Que cent justes marchant fidèles dans leur voie.
Je fais donc de mon mieux pour gagner mon pardon,
Et je ne jure plus que par Martin-Bâton !

S'animant.

Mais qui vous fait outrage, à vous que je vénère,
Mérite de crever comme ce chien... Tonnerre !

JEANNE, *riant.*

Bien, bien, mon bon La Hire, un soldat tel que vous,
De ses plus noirs forfaits mérite d'être absous.
Je sais qui vous étiez et je vois qui vous êtes,
Et Dieu tient compte, allez, des efforts que vous faites.

LA HIRE

Ah ! si pour expier mes fautes, sans délais,
Cette nuit même, il faut courir sus aux Anglais
Et répandre contre eux mon sang dans vingt batailles,
Commandez à La Hire.

XAINTRAILLES

Et comptez sur Xaintrailles !

DUNOIS

Et sur Dunois !

GAUCOURT

Et sur Gaucourt ! car désormais,
Moi, le plus ancien chef, à vous je me soumets.

JEANNE

Amis, merci ! Je sais, je sais que rien ne pèse
Comme l'inaction à la valeur française ;

Nous reprendrons demain le travail commencé,
Jusqu'à ce que l'Anglais d'Orléans soit chassé,
Que la Loire soit libre, et, sans qu'il nous échappe,
Nous le délogerons, étape par étape,
Pour ne nous arrêter qu'à Reims, avec le Roi,
Et nous porter enfin droit sur Paris !

> *Ils s'éloignent.*

JEAN POITEVIN, *que personne n'a vu au poteau.*

Et moi ?

Daignez me délivrer !

LA HIRE

Hé ! qu'est ceci ?

JEAN

De grâce,
Délivrez-moi ! Ces gueux d'Anglais à cette place,
M'ayant fait prisonnier, m'attachèrent ainsi ;
Mais le brûlot couvait sous le pont que voici :
Le bois vient de se rompre, ils sont là, dans le fleuve.

> *On le détache.*

D'AULON

Si Jeanne avait dit vrai, Glasdall en est la preuve,
Son cadavre pour elle ici peut témoigner :
Comme elle avait prédit, « il est mort sans saigner ».

JEANNE, *s'avançant vers Jean.*

Ta conduite est d'un brave et je t'en félicite !

JEAN

A faire son devoir se peut-il qu'on hésite,
Jeanne, quand vous donnez si bien l'exemple à tous ?

JEANNE

Tu te sacrifiais vaillamment !

JEAN

            Moins que vous,
Qui bravez sans pâlir la mort partout présente ;
Je suis récompensé si vous êtes contente !

JEANNE

Le bon peuple, ma foi ! comment ne pas l'aimer ?
Malheur au conquérant qui pense l'opprimer :
Plus le péril est grand, plus sa bravoure est grande.
Il obéit toujours à qui bien le commande.
Dès qu'on parle de gloire on le trouve debout,
Et quand il aime un chef, il le suivrait partout !

    Elle pâlit en portant la main à sa poitrine.

LA HIRE

Mais vous pâlissez, Jeanne !

JEANNE

                    Oui, je sens la blessure
Que, tout à l'heure, un trait parti d'une embrasure
Me fit près de l'épaule, au moment où j'allais
Atteindre le talus d'où tiraient les Anglais.

    LA HIRE, *d'un ton de paternel reproche.*

Mais aussi, pauvre enfant, pourquoi dans la mêlée
Vous jeter malgré nous, sous le nombre accablée,
Et, jusqu'à la folie exaltant le devoir,
Accourir la première où les traits vont pleuvoir ?

    JEANNE, *souriant tristement.*

Ce n'est rien. C'est ainsi qu'on se forme à la guerre....
Ah ! profitez de moi, je ne durerai guère !

            LA HIRÉ

Et que craignez-vous donc ?

            JEANNE

                    Rien... que la trahison
Mais la place est à nous ! Laissons-y garnison,
Au cas où surviendrait, de nuit, ce dont je doute,
Un retour offensif de l'Anglais en déroute.

Rentrons dans Orléans pour remercier Dieu,
Et d'un si rude jour nous reposer un peu. (1)

[*Jeanne veut ressortir par où elle est entrée.*

GAUCOURT, *faisant jeter une planche sur la passerelle
et montrant le pont de pierre par la porte des Tourelles.*

Non, Jeanne, pas ici, mais par la grande voie ;
Ce pont est rétabli. Partageant notre joie,
Le peuple, avec des cris d'allégresse et d'amour,
Du haut de nos remparts attend votre retour ;
Malgré moi, ce matin, vous en étiez sortie,
Vous vous êtes vengée en gagnant la partie ;
Aux acclamations des nôtres délivrés,
C'est triomphalement que vous y rentrerez !]

Le rideau tombe.

(1) A la représentation, l'acte peut finir ici, et le rideau tombe.

DEUXIÈME TABLEAU *(Reims, 17 Juillet 1429)*

Place devant la Cathédrale de Reims, qui occupe le fond de la
scène à gauche et dont les portes sont closes.

———

SCÈNE PREMIÈRE

Le duc d'ALENÇON, DUNOIS, LA HIRE

DUNOIS

Nous voici donc à Reims. L'heure dite a sonné !
Ah ! lorsqu'en y songeant, mon esprit étonné
Compare au noir passé l'avenir qui se lève,
En vérité, cousin, je crois sortir d'un rêve !

D'ALENÇON

Ma surprise est égale à la vôtre, Dunois.
Qui de nous eût pensé, voilà bientôt trois mois,
Que, l'Anglais délogé des rives de la Loire,
Nous marcherions ainsi de victoire en victoire,
Et qu'après tant de jours de misère et de deuil,
Où le trône semblait moins près que le cercueil,
Dans Reims tout ébloui de sa magnificence,
Nous verrions en ce jour sacrer le roi de France ?
Quels succès foudroyants ! quel chemin triomphal !

La Hire

Dans Orléans sauvé Jeanne entrant à cheval
Pendant qu'un peuple entier autour d'elle s'empresse,
Baisant ses vêtements et pleurant d'allégresse !
L'ennemi culbuté de tous les alentours ;
Jargeau, Meung, Beaugency réduits en quelques jours ;
Scales et lord Suffolk par nous se laissant prendre ;
Talbot, l'Achille anglais, obligé de se rendre,
Ayant vu ses meilleurs archers, de fer vêtus,
Dans les champs de Patay mis en fuite et battus !
Une enfant par sa foi transformant une armée,
D'un mot soufflant à tous son ardeur enflammée,
Etonnant les plus vieux, au fort de l'action,
Par son coup d'œil, son calme et sa décision ;
Et, bien qu'elle ait vécu loin des camps, sous le chaume,
Se faisant chef de guerre et sauvant un royaume !
Un prodige semblable a-t-il jamais eu lieu,
Et comment ne pas voir ici le doigt de Dieu ?
Et cette enfant, qui touche à la grandeur suprême —
Miracle non moins grand, — reste toujours la même :
Simple et bonne, comme elle était à Domremy,
Et pitoyable même à son pire ennemi !
Ah ! quand au coin de l'âtre ils liront cette histoire,
Nos arrière-neveux refuseront d'y croire ;
Mais, comme disait hier messire Alain Chartier,
Sa gloire s'étendra plus tard au monde entier ;
Et quand alors un barde, évoquant la Pucelle,
Fera chanter son âme en quelque œuvre immortelle,

On verra, comme au vent se soulèvent les flots,
Les foules au grand cœur éclater en sanglots !

SCÈNE II

Les Mêmes, Alain CHARTIER

Alain Chartier

C'est bien ce que j'ai dit de Jeanne, et le poëte
Ajoutera ce trait charmant qui la complète :
A Jeanne de Laval, veuve de Du Guesclin,
Pour marquer le respect dont son cœur était plein,
Et rendre son hommage au héros qu'elle admire,
Elle vient d'envoyer, — savez-vous quoi, messire ?

La Hire

Sans doute le present le plus riche qui soit ?

Alain

Le simple anneau d'argent qu'elle portait au doigt !
En vain de soie et d'or le roi veut qu'on l'habille,
Ce modeste bijou, l'anneau de jeune fille,
Confident de son âme ingénue, à ses yeux
Est l'objet le plus cher et le plus précieux.
Séparés par la mort, ces grands cœurs se comprennent,
Miraculeusement leurs deux gloires s'enchaînent :

Par le bon connétable on vit l'Anglais chassé,
Jeanne achève aujourd'hui ce qu'il a commencé.

LA HIRE

Oui, messire, le Ciel fait pour nous des miracles :
Jeanne a devant ses pas brisé tous les obsacles.
Et cependant, combien d'efforts il a fallu
Pour entraîner le roi, toujours irrésolu !
C'est malgré son conseil qu'à Reims enfin nous sommes :
La Trémouille objectait qu'avec aussi peu d'hommes,
S'aventurer si loin était bien périlleux.
Pourquoi tant se hâter ? Ne valait-il pas mieux
Par un dernier effort compléter sa victoire
En chassant les Anglais qui restaient sur la Loire ?
Le roi n'a pas d'argent, donc il ne pourra pas
Autour de son drapeau retenir les soldats ;
Mais Jeanne répondait, superbe d'assurance :
« Sire, marchez sur Reims, pour être roi de France ! »
Et pendant que l'on va pas à pas, hésitants,
L'Anglais à son profit utilise le temps ;
Tandis qu'on délibère et pendant qu'on discute,
Sans trêve, il se prépare à reprendre la lutte !
Le roi n'a pas d'argent ? Qu'importe ! on se battra
Quand même, et sur nos pas chacun se lèvera !
Pour l'amour du pays il n'est point de salaire.
Bientôt rien ne résiste à l'élan populaire :
Le chevalier s'équipe à ses frais pour marcher,
Et lorsqu'il est trop pauvre il se fait simple archer,

Tous n'ayant qu'un désir en leur âme aguerrie :
Verser gaîment leur sang pour sauver la Patrie !
Et l'on se met en route, et, de tous les côtés,
Nous voyons devant nous s'ouvrir bourgs et cités.
Hier, nous entrions dans cette ville en fête,
Et demain, irritée autant que stupéfaite,
L'Angleterre apprendra le sacre du vainqueur
Et sa puissance, alors, sera frappée au cœur !

D'ALENÇON

Sur son pied de granit il serait plus facile
De faire se mouvoir la montagne immobile
Que d'asservir un peuple au joug de l'étranger,
Quand ce peuple est debout, ardent à se venger.
Mais tout n'est pas fini : c'est Paris qu'il faut prendre.

DUNOIS

Hélas ! sur ce point-là, qui voudra vous entendre ?
Le favori s'oppose à la marche en avant,
Et, s'obstinant à suivre un rêve decevant,
Alors qu'il nous faudrait hâter notre besogne,
On négocie avec Philippe de Bourgogne !

LA HIRE

Par mon bâton ! C'est bien de trève qu'il s'agit !
Enchaîner le lien quand le lion rugit,
C'est folie. En ce point, comme Jeanne je pense :
« Bataille ! On n'obtiendra la paix qu'avec la lance ! »

Accablant coup sur coup notre ennemi surpris,
Il nous faut brusquement pousser droit sur Paris ;
Et je vais, de ce pas, savoir si la Pucelle
Aura tort ou raison...

SCÈNE III

Les Mêmes, Jacques d'ARC et Isabelle ROMÉE

Isabelle, *à Jacques*

                    Ecoute, ils parlent d'elle !
Voici la Cathédrale et c'est ici le lieu
Où bientôt passera le cortège... O mon Dieu !
Mon cœur tout à la fois exulte et se déchire.
Jacques, demande donc à ces seigneurs...

Jacques, *se découvrant, à La Hire*

                                    Messire,
Si j'ose m'adresser à vous, excusez-moi :
Nous venons de très loin pour le sacre du roi,
Pouvons-nous, pour mieux voir une fête si belle,
Rester à cette place, et Jeanne y sera-t-elle ?

La Hire

Mon brave homme, à la foule il faudra vous mêler ;
On va pour le cortège au palais s'assembler.
Mais que vous fait que Jeanne y soit ou non présente ?

JACQUES

C'est que je suis son père !

ISABELLE

Et moi, votre servante,
Isabelle Romée !

Les trois gentilshommes se découvrent avec émotion.

LA HIRE

Oh ! pardon !... les plus grands
Seront fiers en ce jour de vous ouvrir leurs rangs,
Et pouvoir vous servir m'est un honneur suprême.
Veuillez me suivre.

*Ils remontent vers le fond. Tous les personnages en
scène sont à ce moment groupés à gauche. On entend
une rumeur et des cris à droite. La Hire tourne la
tête et dit :*

Mais... voici Jeanne elle-même.

SCÈNE IV

LES MÊMES, JEANNE D'ARC, XAINTRAILLES, *puis*
CAUCHON, *en noir, serré de près par une foule menaçante
que la Pucelle calme du geste.*

XAINTRAILLES

Sans vous, Jeanne, cet homme eût été lapidé !

JEANNE

Qu'il parte !... Oh ! je sais bien quel motif l'a guidé :
Il sert à nos dépens le régent d'Angleterre.

XAINTRAILLES, *à Cauchon.*

Messire de Beauvais, en habile émissaire
Vous veniez soulever les Rémois contre nous ;
Mais Reims, fidèle au Roi, se détourne de vous
Et vous chasse ! Il suffit à la bonne Pucelle
D'écraser les projets que dresse votre zèle.
Fuyez, Pierre Cauchon, et rappelez-vous bien
Qui vous sauve la vie !

CAUCHON, *s'éloignant.*

Oh ! je n'oublirai rien !

Mouvement menaçant de la foule.

JEANNE

Non ! qu'il s'en aille en paix. Amis, plus de colère !
Rien ne doit assombrir cet heureux jour...

Apercevant Isabelle Romée et tombant dans ses bras.

Ma mère !

*D'Alençon, Dunois, La Hire, Xaintrailles et Alain
Chartier s'éloignent.*

ISABELLE, *après un silence.*

O ma Jeannette ! c'est donc toi que je revois !
Ah ! que d'évènements passés depuis sept mois
Et dans combien d'exploits le Ciel t'a soutenue !

JACQUES, *fléchissant le genou.*

Jeanne, pardonne-moi de t'avoir méconnue !

JEANNE, *le relevant.*

De vos seules bontés j'ai gardé souvenir,
Mon père ! et c'est à vous plutôt de me bénir !
Que ne puis-je, une fois ma tâche terminée,
Aller revoir le cher village où je suis née,
En obtenant du Roi de partir avec vous !

ISABELLE

Hélas ! un tel bonheur serait trop grand pour nous !
Ne le fais pas briller à nos yeux, car ensuite,
S'il m'en fallait pleurer l'espérance détruite,
Mon cœur se briserait !.... Parmi nos villageois
Reprendre le costume et les mœurs d'autrefois ?
Non, désormais ce n'est plus possible, ô ma Jeanne !
Tu n'es plus, vois-tu bien, une humble paysanne ;
Accoutumée au luxe, à l'éclat de la cour,
Comment pourrais-tu vivre en si pauvre séjour ?

JEANNE

Mon costume a changé, mais mon cœur est le même,
Et pour moi le bonheur est près de ceux que j'aime ;
Dans un rêve éclatant il s'était endormi,
Mais la paix et la joie habitent Domremy,
A l'ombre du grand hêtre, auprès de la fontaine
Où Mengette, le soir, posant sa cruche pleine,
S'asseyait pour m'attendre et rentrer au logis,
En longeant les coteaux par le couchant rougis....
Dans le courtil, naguère empli de fleurs vermeilles,
Les lys embaument-ils, et mes blondes abeilles
Vont-elles bourdonnant vers la ruche au miel d'or ?
Oh ! là-bas, c'est là-bas que je veux vivre encor !

JACQUES

Se séparer de toi, son soutien et son guide,
Non, je n'ose espérer que le Roi s'y décide ;
Cependant, qu'il est doux au père déjà vieux
D'avoir tous ses enfants pour lui fermer les yeux !
Ah ! si notre bon Roi m'accordait cette grâce,
Humblement, de ses pas je baiserais la trace !

SCÈNE V

LES MÊMES, JEAN DE LUXEMBOURG, LA TRÉMOUILLE

LA TRÉMOUILLE, *à Jacques.*

Il vous l'accordera, soyez-en assuré,

Et moi-même, s'il faut, pour vous j'interviendrai.

A Jeanne.

Le Roi, de vos parents apprenant l'arrivée
Veut qu'au cortège ils aient leur place réservée ;
Rendez-vous donc ensemble au palais...

Ils sortent.

A Jean de Luxembourg.

Par ma foi !
Superbe occasion pour l'éloigner du Roi !
A sa guise, d'ailleurs, si nous la laissions faire
Jamais nous n'aurions eu plus terrible adversaire ;
Elle aurait à la cour pris un tel ascendant
Qu'elle gouvernerait bientôt — en nous perdant.
Qu'elle s'en aille donc, que son père la garde,
Et, le sacre fini, le reste me regarde !

A part.

Pourtant, de la prudence, et sachons manœuvrer.

A Jean de Luxembourg.

Ainsi le duc Philippe offre de nous livrer
Paris sans coup férir ?

JEAN DE LUXEMBOURG

Pourquoi pas une trêve,
Et brusquer par le fer ce que la paix achève ?
Vos ennemis sont las, mais le roi l'est plus qu'eux ;
Il oubliera bientôt ses projets belliqueux,
Quand Jeanne sera loin.

LA TRÉMOUILLE

Comment, avec adresse,
Occuper ce rêveur affamé de tendresse,
Qu'irrite un pli de rose et qu'apaise un bijou ?

JEAN DE LUXEMBOURG

Je connais, à la cour du roi René d'Anjou,
Une dame d'honneur aux yeux pleins d'attirance,
Digne par sa beauté d'orner la cour de France.

LA TRÉMOUILLE

Infaillible moyen !... Hé, vous voulez, pardieu !
Parler d'Agnès Sorel, dont on vante en tout lieu
Le charme irrésistible. Il faut qu'avant l'automne
La reine, par mes soins, l'attache à sa personne !
Dans l'intérêt du peuple et le nôtre, mieux vaut
Chez celui qui gouverne, un vice qu'un défaut.

JEAN DE LUXEMBOURG

Et puis, il n'est pas bon qu'un prince s'initie
Et s'épuise aux secrets de la diplomatie ;
Son esprit dans le jeu des intrigues se perd,
Tandis que dans cet art quelque ministre expert
Voit les fils, et sa main les démêle ou les tranche.

LA TRÉMOUILLE

Mais ce n'est pas le cas : ma politique est franche,

Et le duc de Bourgogne en connait les dessous ;
Donc, veuillez l'informer qu'il peut compter sur nous,
Et que, débarrassés bientôt de la Pucelle,
Nous signerons ensemble une trève nouvelle.

> *Le canon tonne.*

Mais partons, car déjà la foule, à ce signal
Annonçant le départ du cortège royal,
En flots pressés accourt à la cérémonie.

> *La foule envahit les bas côtés de la scène.*

CRIS

Noël ! Vive le roi Charles Sept ! Et bénie
Soit celle qui sauva la France au nom du Ciel !
Dieu les protège ! Gloire à Lui ! Noël ! Noël !

> *Pendant que le cortège traverse la scène, le canon tonne,*
> *les cloches sonnent à toutes volées et le Roi entre dans*
> *la Cathédrale dont les portes s'ouvrent.*

FIN DU DEUXIÈME ACTE

LE MARTYRE

1ᵉʳ Tableau : COMPIÈGNE. — 2ᵉ Tableau : ROUEN

ACTE TROISIÈME

PREMIER TABLEAU *(Compiègne, juillet 1430)*

La scène représente le camp de Jean de Luxembourg,
à Margny, près Compiègne.

————

SCÈNE PREMIÈRE

Le duc de BOURGOGNE, Jean de LUXEMBOURG,
comte de LIGNY.

Le Duc

Voyez-vous, comte, moi, je n'ai qu'une devise,
C'est de temporiser. Aussi, je temporise,
Et vous pouvez juger des résultats acquis.
Pour arrêter sa marche en pays reconquis,
Je fais à Charles-Sept des promesses de trêve,
Et pendant que ce prince, ébloui par son rêve,
Espère tout soumettre à son front couronné,
Moi, je poursuis ma route, après l'avoir berné !

Jean de Luxembourg

Ah ! pour nous la partie aurait été moins belle,
S'il eût, de prime abord, écouté la Pucelle ;
Voyant le désarroi d'un ennemi surpris,
De Reims elle voulait pousser droit sur Paris.

Le Duc

Mais l'espoir d'une trêve habilement promise
A retardé sa marche, et quand, âme indécise,
Son roi se résolvait enfin à l'action,
Il trouva son conseil d'une autre opinion !
Bref, ce fut un échec au lieu d'une victoire,
Et Charles furieux revint jusqu'à la Loire.
Pendant qu'il reculait ainsi, moi j'avançais.
La prise de Soissons commença nos succès,
Et nous fûmes bientôt sous les murs de Compiègne.
Mais ne tolérant pas qu'au repos on l'astreigne
Durant des mois entiers, — un soir — c'était fatal,
La Pucelle s'enfuit du colombier royal,
Devers ses bons amis vole, et, bien que sorcière,
Se fait naïvement prendre à la souricière !

Luxembourg

Souricière en effet, et seul, le gouverneur
Guillaume de Flavy de sa perte est l'auteur.
La bataille fut longue, acharnée, implacable.
Sous les traits des archers dont le nombre l'accable,

Donnant tête baissée et la bannière en main,
Par deux fois elle charge et se fraie un chemin
En refoulant le flot jusqu'au pied des murailles !
Son écuyer d'Aulon, Pierre d'Arc et Xaintrailles
Accomplissent aussi, dans l'air ensanglanté,
Des prodiges de force et d'intrépidité ;
Mais quand leur petit groupe à la porte se presse,
Le pont-levis remonte et la herse s'abaisse !
Trop tard ! Ils sont perdus ! En surhumains efforts
La Pucelle et les siens se dépensent alors ;
La dernière à lutter, bientôt environnée,
Par un archer picard Jeanne est désarçonnée,
Et les nôtres, joyeux, agitant leurs pennons
En la dévisageant, criaient : « Nous la tenons ! »
Tandis qu'aux assiégés, de loin, l'écho renvoie
Une immense clameur de colère et de joie !

Le Duc

Parfait ! Nous la tenons ! La capture est de prix,
Mais bien embarrassante, au demeurant. — Paris
L'a déjà réclamée au nom de l'Angleterre.
A ce pressant appel on ne peut se soustraire,
Et voici de nouveau l'évêque de Beauvais
Qui vient m'entretenir de ce que vous savez.
Ne nous exposons point au pire des dommages.

Luxembourg sort.

SCÈNE II

LE DUC DE BOURGOGNE, PIERRE CAUCHON

PIERRE CAUCHON, *s'inclinant.*

Duc, nous venons vers vous, porteur de deux messages :
L'un est pour votre Altesse, — et voici l'autre, pour
Le comte de Ligny, seigneur de Luxembourg.

LE DUC *remet la sommation destinée au comte, à son chan-*
celier, Nicolas Raulin, qui sort ; puis, descendant la scène, il
lit la sienne.

« De par le souverain de France et d'Angleterre,
Notre redouté prince et très excellent père,
Nous, comte de Beauvais, requérons instamment
Qu'en nos mains soit remise, à fin de jugement,
Pour crime d'hérésie et scandales d'icelle,
Une femme du nom de Jeanne la Pucelle,
Et que messire Jean de Luxembourg détient.
De faire son procès à nous seul appartient.
Bien qu'elle ne puisse être une prise de guerre,
Notre roi magnanime ainsi la considère,
Et, l'égalant au prix d'un prince, il daigne encor
Offrir pour sa rançon dix mille livres d'or ! »

LE DUC, *à Cauchon.*

C'est un ordre formel plutôt qu'une prière ;
Mais je ne puis ainsi livrer ma prisonnière.

CAUCHON

Eh quoi ! vous hésitez, duc ? Le Ciel vainement
Aurait par nous conduit un tel évènement ?
Terrassant d'un seul coup la ruse et l'infamie,
Il vous livre à merci votre pire ennemie ;
Et pour qui sans merci contre vous a lutté
Vous auriez cet excès de générosité ?
En attendant enfin les jours expiatoires,
Valois perd l'instrument secret de ses victoires,
Il est, sans la Pucelle, aux désastres voué,
Il redevient le roi tremblant et bafoué,
Et vous refuseriez à qui vous la réclame
Pour le salut commun de livrer cette femme !
Ce suppôt de Satan, dont le zèle imposteur,
Ameutant le troupeau contre son vrai pasteur,
Pour aider au succès de la cause française
Me fit, honteusement, chasser de mon diocèse...
Ah ! je hais cette fille !

LE DUC

                    Elle vous a pourtant
A Reims, sauvé la vie ?

CAUCHON

                    Ah ! j'ai failli comptant
Payer cher ce service ! et, compromis par elle,
J'entends l'Anglais se plaindre et suspecter mon zèle.
Oui, je la hais, vous dis-je !

Le Duc

Et moi, je hais son roi,
Ce dauphin qui naguère a pu voir, sans émoi,
Ses lâches partisans assassiner mon père !

Cauchon

Eh bien ! duc, à nous deux, écrasons la vipère !
Mettons pour nous venger nos haines en commun,
Et puisqu'il s'offre, usons du moment opportun.
La ville de Compiègne est sur mon territoire ;
Jeanne y fut capturée et nulle échappatoire
Ne saurait la soustraire au juge naturel.
Je la réclame donc, de plein droit, comme tel.

Le Duc

Je comprends. De vous seul son sort devant dépendre,
A des juges civils elle ne peut prétendre ;
Il faut, par un procès en matière de foi,
Qu'on puisse aux yeux de tous la mettre hors la loi,
Pour la perdre à jamais dans l'estime publique.

Cauchon, *se rapprochant.*

Vous êtes, Monseigneur, un profond politique !
Nous sommes faits pour nous entendre, je le sens ;
D'ailleurs, si vous cédez à nos appels pressants,
Notre souverain, lui, ne veut léser personne.
Quand le butin est pris, la part qu'on abandonne

Doit être au concédant payée à sa valeur ;
Or, votre compte est bon ; songez-y, monseigneur :
Dix mille livres d'or, une rançon royale !

LE DUC, *souriant.*

Iscariote !

CAUCHON, *de même.*

Hé non ! L'erreur est capitale ;
Judas n'acheta pas son maître, — il le vendit !

LE DUC

Alors, ici, Judas c'est moi ?

CAUCHON

Vous l'avez dit !

LE DUC, *à part.*

Caïphe !

à Cauchon.

Allons, tâchez tout au moins que la chose
Tourne à votre profit et serve notre cause.

. CAUCHON

Donc, c'est marché conclu ! Dix mille livres d'or !
Mais un dernier obstacle est à lever encor :
Le comte de Ligny tient Jeanne sous sa garde.

LE DUC

Le comte est mon vassal, l'affaire me regarde.

    Cauchon sort.

SCÈNE III

LE DUC DE BOURGOGNE ; JEAN DE LUXEMBOURG, *rentrant soucieux et tenant à la main la sommation de Cauchon.*

LE DUC

Il nous faut renoncer au métier de geôliers,
Comte ; au nom de l'Eglise et de nos alliés,
Comme vous l'avez vu par semblable missive,

    Montrant sa lettre.

L'évêque de Beauvais réclame la captive.
Il insiste si fort que nous ne pouvons plus,
Sans risquer la rupture, opposer un refus ;
Je ne la risquerai jamais pour la Pucelle.
D'ailleurs nous gagnons tout à nous défaire d'elle :
Sa garde est pour nous deux une sujétion ;
Le pays ne doit pas croire à sa mission,
Aux yeux du peuple il faut lui ravir son prestige ;
En apprenant sa fuite, on crierait au prodige ;
Elle a failli déjà s'échapper de Beaulieu ;
Qui vous dit qu'avec l'aide ou du diable ou de Dieu,
Les tours de Beaurevoir conserveront leur proie ?

LUXEMBOURG

Nous devons la garder puisque Dieu nous l'octroie.

LE DUC

Vous me paraissez trop inquiet de son sort.

LUXEMBOURG

La livrer aux Anglais c'est décréter sa mort !

LE DUC

Eh ! s'il en a besoin pour sauver sa conquête,
Aux juges de Bedford que son roi la rachète !

LUXEMBOURG

Pour tout l'or du royaume ils ne la vendraient pas.

LE DUC

Comte, mettons un terme à de pareils débats,
Et parlons sans détour. Mon honneur vaut le vôtre.
Ambitieux tous deux, nous sommes l'un et l'autre
Pressés d'argent. Je veux le Brabant et Louvain ;
Quant à vous, devant moi vous le nieriez en vain,
Le comté de Saint-Pol, souffrez que je précise,
Dès longtemps est l'objet de votre convoitise.

Eh bien ! pensez-vous donc pouvoir être assez fort
Pour vous passer de nous et pour braver Bedfort,
Et me permettre à moi d'arrondir mon domaine
Si l'amitié présente a fait place à la haine ?
D'ailleurs on ne part pas en guerre sans argent.
Le succès devrait être au plus intelligent,
Mais l'or est un métal auquel rien ne résiste ;
Or, pour avoir l'objet dont le sort vous contriste,
On vous en offre à pleins boisseaux, — réfléchissez —
Quitte à doubler le prix si ce n'est pas assez !

   Il sort.

SCÈNE IV

  LUXEMBOURG, *regardant partir le duc.*

Infernal tentateur ! il te faut un complice,
Et tu sais où frapper pour que le cœur faiblisse.
Toucher le prix du sang, c'est horrible... et pourtant
Puis-je de mon côté tout perdre en résistant ?
Aux serres du vautour je livre la colombe...
Mais si, dans ce conflit, ma volonté succombe,
Et si les bons instincts ne sont pas les plus forts,
Qu'un bel acte du moins allège mes remords !
Xaintrailles est aussi mon prisonnier de guerre,
Et ce prisonnier-là, certes, n'est pas vulgaire ;
Qu'il parte sans rançon, il est libre !... et je vais...

   Il se dirige vers la porte.

SCÈNE V

JEAN DE LUXEMBOURG, JEANNE DE BÉTHUNE, sa *femme*

JEANNE

Messire, qu'ai-je appris ? Le comte de Beauvais
Ici même est venu réclamer la Pucelle ?

LUXEMBOURG

Oui, Jeanne, et le duc veut que sans pitié pour elle
On la lui livre... Il est le maître...

JEANNE

                    Monseigneur,
Le duc est-il aussi maître de votre honneur ?
Jeanne étant votre bien, ne peut être achetée,
Mais en toute justice elle sera traitée.

LUXEMBOURG

Je la remets au duc et ne la lui vends pas.

JEANNE

Pilate n'est pas moins odieux que Judas !
Et vous ne voudrez pas, non, je vous en adjure,
Barrer notre blason de cette forfaiture.
Entre les deux partis qu'on voit se disputer
Ce pays malheureux, vous pouvez hésiter

Et ne savoir lequel des deux est légitime :
C'est de la politique, hélas ! mais l'affreux crime
De livrer une femme à qui veut s'en venger,
A l'homme qui l'achète afin de la juger,
Non, vous ne ferez point cette action infâme !
Au nom de notre amour, du salut de votre âme,
Préservez nos maisons d'un opprobre éternel,
Ne soyez pas maudit de la terre et du Ciel !
Cette preuve d'honneur, cet acte de clémence,
Tous les vrais chevaliers et les femmes de France
L'implorent avec moi, sauf une, qui par vous
Exulterait de voir tous ses forfaits absous :
Isabeau de Bavière, Isabeau l'Allemande.

LE DUC DE BOURGOGNE, *paraissant sur le seuil.*

Le comte obéira, car c'est moi qui commande !

*Mouvement d'effroi de Jeanne de Béthune, qui se
presse contre son mari.*

DEUXIÈME TABLEAU *(Rouen)*

La Prison de Rouen, dans la grosse tour du Château. Porte à
droite. A gauche, dans un pan coupé, enfoncement avec le
grabat de Jeanne d'Arc. A droite, une table pour les soldats
anglais qui la gardent : John Gris, John Berwoit et autres ;
dans le fond, une poutre verticale avec des anneaux où l'on
attachait la captive par une chaîne.

Au lever du rideau, Jeanne est étendue toute habillée (costume
noir du 1er acte, 2e tableau) sur son grabat, et les soldats
causent entre eux en jouant aux dés.

SCÈNE PREMIÈRE

JEANNE D'ARC *et les* SOLDATS ANGLAIS

JOHN GRIS

Oui, La Hire est pincé ! La Hire, qui jadis
Jurait comme un païen « mordious et cadédis »,
Avait, lâchant la bride à son humeur guerrière,
Conçu le projet fou d'enlever la sorcière :
Sous les murs de Rouen, on prit le vieux renard.

Solennel.

Et John Gris a l'honneur de vous en faire part !

Ils rient.

John Gris, *montrant Jeanne.*

Elle perd avec lui sa dernière espérance ;
Et c'est bien fini d'elle à tout jamais, je pense,
Car elle a, malgré l'ordre exprès, renouvelé,
Repris ses habits d'homme, — et son compte est réglé !

Il va enlever les chaînes de Jeanne.

Hélas ! c'est donc fini, l'invincible amazone ?
Tes amis sont à nous et ton roi t'abandonne !

Jeanne, *se levant de son grabat.*

Mon Roi, sachez-le bien, est un bon chevalier,
Et son cœur généreux ne saurait m'oublier.

John Gris

Ton roi ! Pendant qu'ici vient échouer La Hire,
Aux pieds de son Agnès tendrement il soupire ;
Quant à toi, que l'on va bientôt venir chercher,
Voilà ce qui t'attend, — regarde !

Il indique la fenêtre ouverte.

Jeanne, *reculant avec un cri d'horreur.*

Le bûcher !
Supplice épouvantable, horrible destinée !
Mon Dieu, mon Dieu, pourquoi m'avoir abandonnée ?

SCÈNE II

Les Mêmes, Frère Martin LADVENU, *et l'huissier*
Jean MASSIEU.

Frère Ladvenu

Non, Jeanne, Dieu jamais n'abandonne les siens,
Et c'est pour consoler que de sa part je viens.

Jean Massieu

Ecoutez l'ordre, hélas ! que je dois vous transmettre :

Il lit la citation.

« Nous, Pierre de Beauvais, et Frère Jean Lemaître,
Vicaire délégué du grand Inquisiteur,
A tous présents, salut et paix dans le Seigneur !
Attendu qu'une femme à nos avis rebelle,
Et que ses partisans surnomment la Pucelle,
Nous ayant confessé ses crimes de plein gré
Est retournée au mal qu'elle avait abjuré
Devant le peuple et nous, sur la place publique ;
Pour ces motifs, nous la déclarons hérétique,
Idolâtre et relapse, endurcie au péché,
Et devra, devant nous, Place du Vieux-Marché,
La dite comparaître en ce jour, pour s'entendre
Retrancher de l'Eglise, attentive à défendre

De la contagion le troupeau tout entier,
Et pour être livrée au juge séculier ! »

> *Massieu s'incline et sort.*

JEANNE, *pleurant, à Ladvenu.*

Eh quoi ! c'est donc fini, mon Père ? on me condamne !
Et pourtant je n'ai fait aucun mal...

LADVENU

Pauvre Jeanne,
Notre Seigneur non plus, mais Il est mort pour nous !

JEANNE

Tout autre châtiment, hélas ! me serait doux
A côté du supplice affreux qu'on me prépare.
Pourquoi me traite-t-on de façon si barbare
Qu'il faille que mon corps, si jeune encor, si pur,
Soit par le feu réduit en cendres ? Ah ! pour sûr,
Si l'on m'avait conduite aux prisons de l'Eglise
A laquelle humblement je me serais soumise,

> *Désignant les soldats.*

Au lieu de me livrer à des gens sans pudeur,
Il ne me serait point arrivé tel malheur !

LADVENU

Jeanne, pardonnez-leur et songez à vous-même.

JEANNE

Oui, j'en appelle à Dieu, notre juge suprême,
Des maux que j'ai soufferts pour mes faits et mes dits !
O mère de Jésus, dame du Paradis,
Ayez pitié de moi, vous si douce et si bonne.
Vous tous, pardonnez-moi comme je vous pardonne,
Cruels persécuteurs ! et que ma mère, un jour,
Sache que je restai digne de son amour.
Et maintenant, mon Père, absolvez-moi !

Elle tombe à genoux.

LADVENU, *les yeux au ciel, et les mains étendues sur Jeanne.*

Ma fille,
Je vois pour vous aux cieux la couronne qui brille,
Et je bénis l'élue implorant le pécheur !

SCÈNE III

LES MÊMES, BEDFORD, CAUCHON, JEAN D'ESTIVET

JEAN D'ESTIVET, *à part.*

Allons, fouillons si bien les replis de ce cœur,
Que cette fille soit coupable, — ou le devienne !

JEANNE, *en pleurs, allant brusquement à Cauchon.*

Prêtre, je meurs par vous !

CAUCHON, *feignant l'étonnement.*

                        Si vous êtes chrétienne,
Jeanne, soumettez-vous à l'Eglise. Pourquoi,
Méprisant nos avis, péchant contre la foi,
Avez-vous derechef vêtu ces habits d'homme ?

JEANNE

Le vêtement qu'on porte est peu de chose, en somme,
Il ne souille point l'âme.

CAUCHON

Erreur !

JEANNE

                        Et vous, aussi,
Dites, pourquoi m'avoir fait reconduire ici,
Au lieu de me mener aux prisons de l'Eglise ?

CAUCHON

Au pain, à l'eau d'angoisse on vous avait admise,
Pourquoi reprenez-vous ce costume abhorré ?

JEANNE

Qu'on me mette en lieu sûr et j'y renoncerai.
        Montrant les soldats.

Voulez-vous que je reste en butte à leurs outrages ?

CAUCHON, *brusquement.*

Ne nous égarons pas en subtils bavardages,
Concluons, le temps presse ! Une dernière fois
Répondez : sur ce point que vous ont dit vos « Voix » ?

JEANNE

Mes Saintes m'ont mandé combien je fus coupable
D'avoir, pour éviter à mon corps misérable
La souffrance, risqué mon salut éternel !

CAUCHON

Donc, vous vous prétendez un instrument du Ciel ?

JEANNE, *solennellement.*

Oui, c'est Dieu qui m'envoie et je ne puis le taire !

CAUCHON

Mais à Saint-Ouen, jeudi, vous disiez le contraire.

JEANNE

Je n'ai pas dit cela ! L'épouvante du feu
Seule a pu m'arracher un pareil désaveu.
Cette abjuration, je la signai, troublée
Par l'appareil sinistre et la foule assemblée ;
Mais je n'ai renié mes Voix aucunement !

CAUCHON

La cédule pourtant le constate !

JEANNE, *vivement.*

Elle ment !
Plutôt que de signer cela je serais morte !
    A Loyseleur.

Comment avez-vous pu me tromper de la sorte,
Vous et l'Anglais Calot, qui me guida la main !

BEDFORD *à Loyseleur, qui se lève pour répondre.*

Dépêchons ! nous serions ici jusqu'à demain
S'il fallait derechef à tout propos instruire.

JEANNE

Ah ! vous consignez bien tout ce qui peut me nuire,
Mais tout ce qui pourrait vous mettre en mauvais cas,
Les greffiers au procès ne le consignent pas !

D'ESTIVET

Le jour où vous avez quitté vos père et mère
Sans leur assentiment, prétendiez-vous bien faire ?

JEANNE

Quand j'en aurais eu cent pour mieux me retenir,
Puisque Dieu commandait il fallait obéir !

D'Estivet

Mais pourquoi leur avoir caché votre voyage ?

Jeanne

De leur briser le cœur je n'eus pas le courage.

D'Estivet

Vous avez, de ce chef, très gravement péché.

Jeanne

Les juges de Poitiers ne m'ont rien reproché,
Et, me jugeant honnête et bonne catholique,
Ils crurent tous en moi.

D'Estivet

Vous êtes hérétique !

Cauchon

Et quel signe aviez-vous promis à votre roi ?

Jeanne

Passez outre ; jamais vous ne l'aurez de moi.
Pour l'avoir il faudrait que je me parjurasse.

D'Estivet

Pourquoi votre étendard à la première place,
Le jour où fut sacré votre maître et seigneur ?

JEANNE

Quand on fut à la peine, on doit être à l'honneur.

CAUCHON

Lorsque de Beaurevoir vous vous êtes enfuie,
N'était-ce pas pour mettre un terme à votre vie ?

JEANNE

Je voulais simplement échapper aux Anglais ;
L'oiseau captif a droit de rompre ses filets.

BEDFORD

On les a remplacés par de solides chaînes !

JEANNE, *avec énergie*.

Vous pouvez m'enchaîner, m'accabler de vos haines,
Vous n'enchaînerez pas ce pays à vos lois ;
Il se relèvera malgré vous !

CAUCHON, *s'interposant*.

A vos Voix
Qu'avez-vous demandé ?

JEANNE

D'abord ma délivrance,
Ensuite, que Dieu vienne au secours de la France,
Et qu'il m'accorde enfin mon salut éternel !

CAUCHON

Tant de présomption est un péché mortel.
Est-ce que vous pensez être en état de grâce ?

LADVENU

Terrible question ! Sa portée outrepasse
Vos droits !

CAUCHON, *furieux.*

Silence, vous ! je sais ce que je puis.

JEANNE

Si je n'y suis, que Dieu m'y mette, et si j'y suis,
Qu'il m'y tienne !

LADVENU, *à part.*

O merveille ! à chaque nouveau piège
Que lui tendent ensemble et l'orgueil sacrilège
Et la haine fertile en détours odieux,
La colombe donne un coup d'aile et monte aux cieux !

A Cauchon.

En matière de foi douteuse ou difficile,
Il n'est que deux recours : le Pape ou le Concile.

JEANNE

Le Pape ! devant lui je dirai ce qu'il faut.

CAUCHON

Le Pape est loin !

JEANNE

Et Dieu ?

D'ESTIVET

Dieu lui-même est trop haut.

JEANNE

Mais il aura son tour !

CAUCHON

Que prétendez-vous dire ?

JEANNE

Qu'au fond de tous les cœurs son œil juste sait lire,
Et que si vous voulez ne vous mettre en danger,
Vous devez prendre garde à ne pas mal juger...
Songez-y, quelque jour si le Ciel vous châtie !

CAUCHON, *avec impatience.*

Finissons ! Voulez-vous, soumise et repentie,
Obéir à l'Eglise ?

JEANNE

Oui, sans restriction !

Mais, vous, n'exigez pas que de ma mission
J'abjure lâchement le divin caractère.

CAUCHON

Mais si l'Eglise enfin la juge mensongère,
N'en peut-elle obtenir de vous le désaveu ?

JEANNE

L'Eglise, est-ce donc vous ?... Je m'en rapporte à Dieu
Pour tout ce que j'ai fait seulement par son ordre !

D'ESTIVET

Dans l'erreur obstinée, elle n'en veut démordre.

BEDFORD, à *Jeanne*.

Toi qu'inspire et soutient l'infernal Séducteur,
Prophétise s'il doit nous arriver malheur.

JEANNE, *d'un air inspiré*.

Avant sept ans d'ici, j'en donne l'assurance,
Votre dernier soldat sera chassé de France !

D'ESTIVET

Comment sais-tu cela ?

JEANNE

Par révélation.

CAUCHON, *furieux*.

Oui, de l'Enfer lui vient tant de présomption,
Car Dieu ne permet pas de semblable prodige.

JEANNE, *avec énergie*.

Les Anglais s'en iront jusqu'au dernier, vous dis-je,
Et cela, j'en suis sûre et le sais aussi bien
Que je vous vois.

CAUCHON

Ainsi, vous ne rétractez rien,
Rien de tous vos propos, rien de vos faits et gestes,
Et prétendez avoir des conseillers célestes ?
Mais ignorez-vous donc à quel affreux péril
Vous vous exposez ?

JEANNE, *s'exaltant*.

Non ! Mais le bourreau dût-il,
A force de tourments, du corps m'arracher l'âme ;
Le bûcher fût-il prêt, serais-je dans la flamme,
Que je ne dirais pas autrement qu'au procès,
Et cela jusqu'à mon dernier soupir !

CAUCHON, *exaspéré*.

Assez !

Il ne nous reste plus qu'à vous rendre justice.

Faisant signe aux soldats.

Emmenez-la, soldats.

Au bourreau.

Et toi, fais ton office !

JEANNE, *tombant à genoux.*

O Christ, si l'humble vierge est allée aux combats,
C'est que ta force armait et soutenait son bras ;
Tout ce qu'elle accomplit n'est dû qu'à ta puissance ;
Pour la récompenser de son obéissance,
Reçois son âme en pleurs dans ton saint Paradis ;
Fais que les Français, par son exemple enhardis
Et terminant enfin la lutte meurtrière,
Recouvrent pour le Roi bientôt la France entière.
Je pardonne à quiconque envers moi fut cruel,
Et je marche au bûcher comme on monte à l'autel !

*Elle se relève et suit les soldats avec Frère Martin
Ladvenu et le bourreau.*

SCÈNE IV

CAUCHON, BEDFORD

CAUCHON

Milord, vous avez vu quelle assurance étrange !
Elle tient à la fois du démon et de l'ange,
Au point que mon esprit en est déconcerté.

BEDFORD, *froidement.*

Sa mort étant pour nous une nécessité,
Il faut bannir ici toute sensiblerie.
En la convainquant du crime d'idolâtrie,
Nous jetons dans le peuple et le doute et l'effroi
Et détruisons l'effet du sacre de son roi.
Son roi l'a réclamée, il insiste, il menace.
Eh bien ! répondons-lui par un beau coup d'audace,
Et lorsque nous aurons allumé le bûcher,
Qu'au prix d'une bataille il vienne la chercher !

CAUCHON

Ah ! oui, mais c'est vous rendre un signalé service
Que de hâter ainsi l'heure de son supplice !

BEDFORD

Certes, et ce service il vous sera payé.

CAUCHON, *pressant.*

Quinze ans durant, milord, pour vous j'ai travaillé .
Du jour où Jean-sans-Peur utilisa mon zèle,
Votre cause n'eut pas de soutien plus fidèle ;
D'une ville ameutée affrontant le courroux,
Evêque de Beauvais, j'en fus chassé pour vous.
Considérez combien m'a dû coûter de luttes,
De peines et d'efforts de toutes les minutes,

Ce procès inspiré, dirigé par mes soins,
Où le juge, privé des charges des témoins,
Bravant l'opinion de la foule abusée,
Devait, par son art seul, confondre l'accusée ;
Dites si je n'ai pas a souhait réussi !
Mais par contre, milord, considérez aussi
Quelle haine sans fin j'attire sur ma tête
En vouant l'Armagnac à semblable défaite.
Ah ! tant de dévouement vaut bien, convenez-en,
Le titre d'archevêque au siège de Rouen ?

BEDFORD, *vaguement.*

Vous l'obtiendrez.

CAUCHON

Mais quand ?

BEDFORD

Monseigneur, je l'ignore.

CAUCHON

Le siège étant vacant, pourquoi tarder encore ?

*Ils s'éloignent. Le décor change à vue et la scène repré-
sente la place du Vieux-Marché, avec le bûcher et la
foule. A gauche, l'estrade où se tiennent Cauchon et
les juges.*

SCÈNE V (1)

Sodats anglais, Hommes et Femmes du Peuple

Un Soldat anglais

Ah ! ce n'est pas trop tôt, on va donc la rôtir,
Celle qui d'Orléans nous força de partir !

Autre Soldat

Elle qui prétendait, en abusant les nôtres,
Venir au nom du Ciel pour le salut des autres,
Qu'elle se sauve donc la première !

Troisième Soldat

                    Que Dieu
Fasse au moins un miracle en l'arrachant au feu !
Si les Saintes vraiment aiment cette apostate,
Le moment est venu que leur puissance éclate !

Un Homme du Peuple

Insultez-la, fuyards ; riez, Anglais maudits !

(1) On peut, d'après les ressources dont on dispose, simplifier
cette scène ; c'est-à-dire commencer à l'entrée de Jeanne, et se
borner aux paroles de Loyseleur et de Cauchon, la fin étant main-
tenue telle quelle.

Un autre

Ah ! tous ces fanfarons n'étaient pas si hardis
Quand chaque jour pour eux marquait une défaite !

Un troisième

Voir brûler une femme est pour eux une fête,
Et d'autant plus féroce est leur ressentiment
Que toujours envers eux son grand cœur fut clément !

Le premier

Le roi, qui lui doit tout et qui règne par elle,
Ne fera-t-il donc rien pour sauver la Pucelle ?

Le second

Les chevaliers français qu'à travers les périls
Elle entraînait naguère à sa suite, où sont-ils ?
Aucun ne viendra-t-il, plus heureux que La Hire,
A ses lâches bourreaux arracher la martyre ?
Ou, si le sort trahit son effort surhumain,
Au pied de ce bûcher mourir l'épée en main ?

Un autre

Au pied de ce bûcher ?... Oh ! l'horrible calvaire !

Un autre

Ecoute sur ses pas l'Anglais qui vocifère.

> *Jeanne, en longue robe blanche, passe au fond de la scène,
> précédée de Frère Martin Ladvenu, qui porte une croix
> devant elle, et conduite par John Gris, John Berwoit
> et les autres gardes.*

CRIS, *parmi les Anglais*

Au bûcher, la ribaude !

UNE FEMME DU PEUPLE

Ah ! je me meurs d'effroi !

JEANNE

Par pitié, bonnes gens, faites prier pour moi !

LOYSELEUR, *criant.*

Jeanne, pardonnez-moi ! Je suis un misérable,
J'ai hâté votre perte et le remords m'accable ;
Au lieu d'un confident, je fus un espion !

JOHN BERWOIT

Hé, traître, ailleurs qu'ici fais ta confession !

LOYSELEUR

Laissez-moi ! Devant tous je dois dire mon crime.

JEANNE

Allez, je vous pardonne.

UN FEMME DU PEUPLE

O charité sublime !

Elle pardonne même à ses bourreaux. Et nous,
Si nous ne pouvons rien, mettons-nous à genoux,
Et nous protesterons en priant pour son âme.

LES SOLDATS, *brutalisant la foule.*

Allons, silence, vous, et place !

UNE FEMME, *montrant le poing.*

Race infâme !
En vous chassant de France, elle nous vengera !

JOHN GRIS, *ricanant et montrant le bûcher.*

Tu crois ? Viens voir demain ce qu'il en restera !

UNE FEMME DU PEUPLE

Tais-toi, l'Anglais maudit, et rentre ton blasphème,
Ou Dieu te châtiera.

CAUCHON, *descendant de l'estrade et s'approchant
du bûcher.*

Dans cet instant suprême.
Une dernière fois, Jeanne, répondez-nous :
Vous ne rétractez rien ?

JEANNE

Rien... et je meurs par vous !

*Sur un signe de Bedford, le bourreau allume le bûcher ;
la flamme s'élève au milieu des cris et des sanglots,
pendant qu'une musique céleste se fait entendre.*

O France bien aimée, adieu !... Jésus !... Marie !...

*Un grand silence : puis, tandis que la foule s'enfuit
épouvantée, Pierre Cauchon, effaré, arrive sur le
devant de la scène.*

LADVENU, *à Pierre Cauchon.*

Malheur à nous !... C'était l'ange de la Patrie !

FIN

CHŒURS ⁽¹⁾

(1) Les personnes désireuses de représenter *Jeanne d'Arc* avec les chœurs sont priées de s'adresser à M. RUDELIN, maître de chapelle de la Cathédrale, à La Rochelle.

Chœurs de JEANNE D'ARC

Solo

Près des Marches de la Lorraine.
En regardant vers Vaucouleurs,
Que vois-tu là-bas, dans la plaine
Que le printemps orne de fleurs ?

Solo

— Je vois, au pied de la colline,
Une blancheur qui se dessine....
(Ah ! quel souvenir a frémi
Au fond de mon âme troublée !)
Je vois surgir de la vallée
Le village de Domrémy !

Chœur

En ronde, sous l'arbre des Fées,
Au Bois-Chenu, dansons gaîment,
Dansons gaiment, de fleurs coiffées,
Et célébrons le mois charmant.
Salut à la saison nouvelle
Qui rend la verdure à nos bois
Et la joie à la pastourelle ;
Chantons le Mai, le joli mois !

Solo

Mais Jeannette, écoutant ses Voix,
Songe seule, et loin de la danse,
A la grande pitié du royaume de France.

Solo

Comme une voile sur l'abîme,
Point perdu dans l'immensité,
Domrémy vit l'œuvre sublime
Depuis quatre siècles chanté :
Le rachat et la délivrance
De la terre et des fils de France
Par une enfant de dix-neuf ans.

Duo

O Bethléem de la Patrie,
Vers ta Bergère un peuple crie
Dans l'espoir des jours triomphants !

Chœur

En ronde sous l'arbre des Fées,
Au Bois-Chenu, dansons gaîment,
Dansons gaîment, de fleurs coiffées.
Tout embaume en ce mois charmant ;
Salut à la saison nouvelle
Qui rend la verdure à nos bois
Et la joie à la pastourelle ;
Chantons le Mai, le joli mois !

Solo

Mais Jeannette, écoutant ses Voix,
Songe seule, et loin de la danse,
A la grande pitié du royaume de France !

APRÈS LE TABLEAU DE *CHINON*

Solo

Pour retenir un peuple au penchant de l'abîme,
Dieu souvent a recours au plus fragile appui.
Il fait ce qui lui plaît ; plus la cause est infime,
Plus le miracle est grand qui rejaillit vers Lui.

Solo

La sagesse de ses desseins
A nos yeux est impénétrable ;
Mais dans les héros et les saints,
Un jour, elle éclate, admirable.
D'un cœur humble et reconnaissant,
Mes sœurs, prions ce Dieu puissant !

Chœur

Toi qui sur un champ de bataille
Convertis Clovis à la foi,
Rends la force et l'espoir au peuple qui défaille
Et la confiance à son roi.

Solo

Ce peuple généreux et d'une foi profonde
Fut ton chevalier par le monde,
Et ses fils ont été si grands
Que ta Geste ici-bas s'accomplit par les Francs !

Chœur

Toi qui sur un champ de bataille
Convertis Clovis à la foi,
Rends la force et l'espoir au peuple qui défaille
Et la confiance à son roi.
Des aïeux qui luttaient avec tant de vaillance

Pour délivrer ton saint Tombeau,
O Christ, nous t'en prions, garde la souvenance,
Et par un miracle nouveau
A l'abîme arrache la France !

APRÈS LE TABLEAU D'*ORLÉANS*

Solo

Gentils seigneurs et gracieuses dames,
Qui si nombreux êtes venus céans,
Écoutez le refrain qu'au siège d'Orléans
Un gai jongleur chantait pour réjouir les âmes :

Solo (baryton)

Pour faire danser les Anglais
Maître Jean a deux flageolets :
Son canon et sa couleuvrine,
　　Riflard et *Catherine ;*
Ils ne sont jamais en retard,
　　Catherine et *Riflard !*

(REPRISE PAR LE CHŒUR)

Solo

Les *godons* en perdent le somme
Et jurent.... comme des Anglais.
Ils ripostent, mais quels boulets !
A peine ils déchaussent leur homme !
Maître Jean pointe et, sans répit,
A tous coups il en démolit !
Ils avaient juré de le pendre,
De le pendre au bout d'un clocher ;

Mais il faut venir le chercher,
    Le chercher et le prendre !
Quand leur canon tonne plus fort,
Maître Jean choit et fait le mort,
Mais s'ils sortent de leurs bastilles,
Il les abat comme des quilles !
Il en a tant et tant perclus
Que dehors on ne les voit plus !

Chœur

Pour faire danser les Anglais,
Maître Jean a deux flageolets :
Son canon et sa couleuvrine,
    Riflard et *Catherine ;*
Ils ne sont jamais en retard,
    Catherine et *Riflard !*

Solo

Vaincus par la Pucelle, ils ont levé le siège.
    Leur plus intrépide soldat,
    Talbot même est échec et mat !
Et Jeanne le disait, en éventant leur piège :
    « S'ils feignent d'offrir le combat,
    C'est afin de masquer leur fuite.
    Ayez tous de bons éperons
    Et ferme nous les poursuivrons ! »

Duo et Chœur

Jeanne, empressés à votre suite,
    Nous en aurons (*bis*)
Et nous leur ferons la conduite,
    A ces lurons !

APRÈS LE TABLEAU DE *REIMS*

Chœur

A voix pleines et triomphales,
Sonnez, carillonnez, cloches des cathédrales,
Lancez un grand salut à Dieu !

Solo

Fleurs de lys d'or et manteau bleu,
Le sceptre en main, ceignant du diadème
Son front marqué par le saint Chrême,
Charles-Sept est enfin sacré !
Dans le royaume recouvré
L'allégresse est universelle.
Noël et gloire à la Pucelle,
Car c'est le Ciel qui marche et combat avec elle !

Chœur

Descendez, Esprit créateur,
Sur ce Chef, de nos rois héritier légitime,
Éclairez son esprit et dirigez son cœur,
Pour qu'il soit toujours magnanime.

Solo

Qu'il sache protéger la veuve et l'orphelin.
Que sa bonté dépasse encore sa puissance,
Et brave comme Du Guesclin,
Qu'on reconnaisse en lui vraiment un roi de France !

Reprise du Chœur : Descendez, Esprit créateur, etc...

Chœur

A voix pleines et triomphales,
Sonnez, carillonnez, cloches des cathédrales,
D'un même essor vers le ciel bleu,
Lancez un grand salut à Dieu !

APRÈS LE TABLEAU DE *COMPIÈGNE*

Solo

Comme un vautour fond sur sa proie,
Le malheur en détresse a changé notre joie ;
Un crêpe voile l'horizon ;
O douleur indicible, ô deuil inconsolable !
Le guet-apens, la trahison
Ont fait leur œuvre abominable,
Et celle à qui l'Anglais même semblait soumis
Est aux mains de ses ennemis !

Chœur

Vont-ils donc triompher encore ?
L'œuvre qu'elle accomplit périra-t-il, hélas !
Seigneur, un peuple vous implore,
Ah ! par pitié, ne l'abandonnez pas !

Une voix

Désormais plus d'espoir ! Dieu d'elle se retire.

Une autre voix

Le Christ aussi fut trahi par Judas
Et pour nous racheter il subit le martyre.
Oui, l'héroïsme est beau, mais l'amour est sans prix ;
Toute gloire n'est pas dans le succès des armes.

La première

Sur des malheurs nouveaux, coulez, coulez, mes larmes.
C'est la défaite sûre et le trône en débris.
Tragique abaissement !

La seconde

Incomparable gloire !
Le Ciel soutiendra Jeanne et la consolera,
Et bientôt ce sera
La délivrance et la victoire !

Chœur

O mystère ! comment le Ciel a-t-il permis
Que la Pucelle tombe aux mains des ennemis ?
Vont-ils donc triompher encore ?
L'œuvre qu'elle accomplit périra-t-il, hélas !
Seigneur, un peuple vous implore.
Ah ! par pitié, ne l'abandonnez pas !

A L'APOTHÉOSE (1)

Solo

Quelle est celle qui vient, une auréole au front,
Et qu'à jamais les siècles salueront ?
Est-ce vous, ô Vierge Marie ?

Solo

Non, c'est l'ange de la Patrie,
En qui sont incarnés le passé glorieux,
La fleur de notre race et le sang des aïeux,
Et toutes les vertus de la chevalerie.
Brandissant à son poing vainqueur
L'étendard de la délivrance,
C'est Jeanne, la fille au grand cœur,
Qui « revient » pour sauver la France !
Et dans un même élan d'amour,
Le peuple se lève et l'acclame,
Pleurant d'enthousiasme et chantant tour à tour
En retrouvant enfin son visage et son âme !

(1) Pour l'apothéose, le rideau se lève sur le finale du chœur :
Jeanne apparaît de nouveau sur le bûcher, mais en costume de
guerre et sa bannière à la main ; tous les acteurs sont rangés sur
la scène ; le groupement est facultatif.

Chœur

Entends-nous, Bienheureuse, au sein du Paradis,
Dans la gloire où tu resplendis !
Jeanne d'Arc, ô beau lys de France !
Notre modèle et notre sœur,
Toi qui dans tous les cœurs ramènes l'espérance
Et qui luttais si bien contre l'envahisseur,
Garde notre Patrie intacte
Dans sa force et son unité ;
Avec Dieu refaisons le pacte
Que nos aïeux ont mérité.
Que ton exemple au devoir nous entraîne,
Arme de tes vertus l'âme de nos enfants,
Et puissions-nous revoir l'Alsace et la Lorraine
Acclamer avec toi nos drapeaux triomphants !